MOI, EDGAR,
CHAT ACARIÂTRE

TOME 2

À Sita, notre petit chat, source inépuisable d'inspiration.

ISBN : 978-2-412-02939-8
Dépôt légal : octobre 2018
Imprimé en Italie
Couverture : Marie Donzelli
Mise en page : Istria

Éditions First, un département d'Édi8
12, avenue d'Italie
75 013 Paris – France
Tél. : 01 44 16 09 00
Fax : 01 44 16 09 01
E-mail : firstinfo@efirst.com
Site Internet : www.editionsfirst.fr

Frédéric Pouhier & Susie Jouffa

Illustré par Rita Berman

MOI, EDGAR, CHAT ACARIÂTRE

TOME 2

F1RST
ÉDITIONS

Pour ceux qui ne me connaissent pas encore, laissez-moi rapidement me présenter. Je m'appelle Edgar, je suis un brillant petit chat de 2 ans, aussi beau que modeste.

Je vis depuis plus d'un an dans une famille qui, ne nous voilons pas la face, est aussi banale que sympathique. Suivez-moi dans le salon, vous allez faire leur connaissance. Il y a le père et la mère de famille, Marc et Séverine, une ado en pleine crise, Léa, un sympathique gosse de 6 ans, Rodolphe, et au sol, à côté du tapis, c'est Patapouf, un chien apathique mais pas antipathique. Ça va jusqu'ici ? Tout le monde suit ? Ne me faites pas répéter ! Je vous préviens, la patience n'est pas ma plus grande qualité (vous trouverez la liste de mes qualités en annexe de ce livre, de la page 141 à la page 456).

Sans me vanter, j'ai très vite réussi à m'imposer dans cette famille. Je suis devenu en quelque sorte le boss, le patron, le taulier, mais – inutile de leur dire – ces imbéciles s'imaginent encore être mes maîtres. Ah ! Ah ! Ah ! Ce qu'ils sont naïfs, ces bipèdes ! Continuons à parler de moi. Ça tombe bien, c'est mon sujet de conversation préféré.

Ce que j'aime dans la vie ? Manger et dormir, mais pas seulement. J'aime aussi beaucoup m'alimenter, me goinfrer, ingurgiter, ingérer, goûter, déguster, me coucher, faire la sieste, me reposer et roupiller. Un esprit sain dans un coussin, voilà mon credo ! Autant vous dire que mes journées sont particulièrement chargées ! Alors, accrochez-vous, car vous n'avez pas lu un livre avec autant de rebondissements depuis bien longtemps (cette promesse n'étant qu'une promesse, le lecteur se sentant floué ne pourra en aucun cas poursuivre le sympathique chat, auteur de ce livre).

Signé : **un petit chat acariâtre.**

5 NOVEMBRE 521E JOUR DE CAPTIVITÉ

Ah ! Le matin ! C'est le moment que je préfère parmi tous les moments de la journée. Les parents sont partis au bureau, les enfants à l'école, Patapouf dort dans sa niche, je suis enfin seul chez moi.

Oui, vous êtes ici chez moi. Bon, c'est vrai que, d'un point de vue purement juridique, le pavillon appartient à Marc et à Séverine, ou plutôt à leur banque. Mais, n'en déplaise au notaire, ici, je suis le vrai propriétaire, mais ne comptez pas sur moi pour rembourser le crédit à leur place. Chacun son job ! Le mien, c'est d'être beau, admiré, voire adulé.

10 NOVEMBRE 526E JOUR DE CAPTIVITÉ

C'est ridicule ! Figurez-vous que Marc et Séverine s'appellent entre eux « papa chat » et « maman chat ». C'est à vomir de niaiserie ! Le pire, c'est quand ils s'adressent à moi en disant : « Viens faire un câlin à papa chat. » Pour info, tu n'es pas mon père, tu es mon esclave ! D'ailleurs, physiquement, nous n'avons absolument rien en commun. Je suis aussi beau que tu es laid. Je suis aussi brillant que toi médiocre. Comment oses-tu même imaginer que nous puissions avoir une filiation commune ?

531ᴱ JOUR DE CAPTIVITÉ

Avez-vous déjà vu le film *Scarface* ? À la maison, je me comporte un peu comme Al Pacino, je suis le parrain veillant jalousement sur mon territoire et sur mes hommes de main. D'ailleurs, j'aperçois mon pire ennemi : le chat du voisin qui tente de s'aventurer dans mon jardin. Éloignez les enfants, ça va être sanglant ! C'est un combat à mort qui va se dérouler devant vos yeux horrifiés.

En même temps, il pleut, je ne vais peut-être pas sortir dans le jardin par ce temps de chien, autant faire une petite sieste. Oui, même le parrain a le droit de prendre un petit peu de repos !

30 NOVEMBRE

546E JOUR DE CAPTIVITÉ

Je ne suis pas le genre de chat à s'inquiéter facilement, mais Séverine n'a pas l'air en forme en ce moment. Elle se relève la nuit, elle a souvent des nausées et, comme moi, elle vomit fréquemment. Ça m'empêche de dormir. N'y voyez pas là une forme de compassion excessive pour elle, mais c'est juste que ça me réveille quand elle se précipite dans les toilettes en pleine nuit.

Oh ! c'est fini ? Silence ! Y a des chats qui dorment !!!

7 DÉCEMBRE
553E JOUR DE CAPTIVITÉ

Une étude menée sur un panel de deux Français, composé de Marc et de Séverine, démontre que 100 % des Français sont fans de moi.

21 DÉCEMBRE 567E JOUR DE CAPTIVITÉ

Moi + le chauffage = amour. Oui, je n'ai pas peur de l'avouer : depuis le début de l'hiver, j'entretiens une relation étroite avec mon pote le radiateur, je ne le quitte pas. Je pense que le radiateur est la seule invention réellement utile de l'humanité, loin devant la découverte de la pénicilline et la création d'Internet ou du moteur à explosion. Il paraît qu'à la prochaine révolution industrielle, des robots seront créés pour assister les humains. Ça ne nous impressionne pas plus que ça, nous, les chats. Une machine inventée pour répondre à nos ordres et tout faire à notre place, cela existe déjà, ce sont les hommes.

24 DÉCEMBRE
570e JOUR DE CAPTIVITÉ

Nous sommes à la veille de Noël et personne n'a fait de sapin cette année. Les traditions se perdent, c'est vraiment dommage. Noël n'est pas vraiment Noël sans un sapin décoré. Je me demande si cela a un quelconque rapport avec le léger incident de l'année dernière.
Oh… trois fois rien ! J'ai juste grimpé jusqu'au sommet de l'arbre de Noël. Vous voyez, ce n'est pas grand-chose. Bon, d'accord, le sapin est tombé sur l'écran plasma du salon et l'a fait chuter sur la table basse en verre. Je ne suis tout de même pas responsable des lois de l'attraction terrestre !

25 DÉCEMBRE
571e JOUR DE CAPTIVITÉ

Vous aussi, vous avez été gâté à Noël ? Moi, oui ! J'ai eu plein de cartons ! Leur contenu ? Peu importe, ce n'est jamais le jouet que je préfère, mais l'emballage. Je suis quand même un peu jaloux du jeune Rodolphe. Il a eu une console de jeux. Non pas que j'aime les jeux vidéo. Essayez de jouer avec un joystick quand vous avez des griffes ! Non, c'est juste que son carton était plus gros que les miens.

3 JANVIER 580E JOUR DE CAPTIVITÉ

Séverine a froid, elle vient d'augmenter le chauffage. J'aime quand il fait bien chaud à la maison. Ah ! maintenant, elle a trop chaud. Elle ouvre toutes les fenêtres. Hé ! on se les gèle ! Ah ! elle a trop froid maintenant. Cette femme devient de plus en plus étrange.

5 JANVIER 582e JOUR DE CAPTIVITÉ

Comme si la famille n'était pas assez nombreuse ! Il faut que Léa, la jeune ado, ramène un petit ami dans ma maison, dans mon salon, sur mon canapé, sur mon coussin préféré.
J'observe l'intrus depuis maintenant une heure, d'un regard noir, l'air méchant, afin qu'il comprenne bien qu'il n'est pas le bienvenu chez moi !
Ce jeune garçon, je ne le connais pas, mais je ne le sens pas du tout le boutonneux ! Il a une odeur bizarre.
N'allez pas croire que je ne suis pas un chat sociable, j'ai juste mes têtes, et la sienne ne me revient pas, c'est tout !

11 JANVIER 588e JOUR DE CAPTIVITÉ

Bienvenue à notre cours d'aérobic pour chat.
Ouvrez un œil. Fermez votre œil.
Et rendormez-vous.

12 JANVIER
589^{E} JOUR DE CAPTIVITÉ

Je m'inquiète pour ma famille de bipèdes, je pense qu'ils souffrent d'hyperactivité ! Figurez-vous qu'ils ne dorment que huit heures par jour et qu'ils ne font jamais de sieste ! Quelqu'un aurait-il l'adresse d'un bon vétérinaire pour que je les envoie consulter au plus vite ?

13 JANVIER 590^{E} JOUR DE CAPTIVITÉ

Celui que je préfère dans la famille, c'est le petit Rodolphe, qui n'a que 6 ans. Ce que j'aime chez lui, c'est qu'il est particulièrement influençable et, maintenant, il est assez grand pour réussir à ouvrir le placard où sont rangées mes croquettes.

Démonstration :

Rodolphe, viens ici ! Nourris-moi, tes parents ne m'ont pas donné à manger depuis trois jours. Non, inutile de leur demander, on ne va pas les déranger pour si peu. Allez, petit, ouvre ce satané placard et file-moi à manger !

Merci Rodolphe.

Je vous l'avais bien dit qu'il était utile, le gamin.

14 JANVIER 591e JOUR DE CAPTIVITÉ

Aujourd'hui, je suis seul à la maison avec l'intrus, le petit copain de Léa. Il est temps pour moi de le cuisiner. Hé toi, l'ado ! Viens ici ! Il faut qu'on discute entre homme et chat. Je tiens beaucoup à Léa. Tu n'as pas intérêt à lui briser le cœur.

J'espère que tu es gentil avec elle. Sais-tu que j'ai fait 4 ans de judo, 5 de karaté, 6 d'aïkido et 7 de boxe ? Ce qui devrait d'autant plus t'impressionner que je n'ai que 3 ans. Alors, que les choses soient claires entre toi et moi. Je te surveille. Je peux être n'importe où à t'épier, sur l'armoire, sous le lit, derrière le canapé... Il n'y a pas un centimètre carré que je ne contrôle pas.

Bon, il n'a pas l'air plus impressionné que cela. C'est mon problème : dans ma tête, je suis un tigre de 2 mètres avec des dents tranchantes comme des lames de rasoir, alors qu'en réalité je suis une peluche de 60 centimètres au regard craquant.

16 JANVIER 593e JOUR DE CAPTIVITÉ

C'est incroyable ce que Séverine grossit en ce moment ! Son ventre a doublé de volume. Quand je pense qu'elle a eu l'audace de me mettre au régime et de ne plus m'acheter que des croquettes light ! C'est vraiment l'hôpital qui se moque de la charité.

Je ne suis pas solidaire : si elle veut faire un régime, qu'elle le fasse... mais seule !

D'ailleurs, c'est bien connu, les régimes conviennent autant aux chats que les icebergs au Titanic !

Que ce soit bien clair entre vous et moi : je ne suis pas gros, je suis juste tellement beau que ça déborde.

594E JOUR DE CAPTIVITÉ

Je suis excité comme un acarien au Salon de la moquette, car, aujourd'hui, c'est le soir des sushis ! Tous les jeudis, Marc passe chez le Japonais pour acheter du poisson cru et il m'en rapporte toujours une petite portion, rien que pour moi ! Mmmm, le saumon frais, j'en salive d'avance.

À table !!! Comment ça ? De la salade ? Mais on est jeudi, c'est le soir des sushis ! Où est mon poisson ? Rendez-moi mon poisson ! Comment ça ? Séverine ne mange plus de poisson cru ? Elle adore ça pourtant ! Bon, elle n'en veut peut-être plus, mais moi j'en veux ! Si elle devient végétarienne, ne comptez pas sur moi pour manger des poireaux ! Si les meilleures traditions se perdent, je me demande où va le monde !

18 JANVIER 595e JOUR DE CAPTIVITÉ

Hé, Patapouf ! Viens là ! Tu as remarqué que le ventre de ta maîtresse avait beaucoup gonflé?

Oui, je sais, tu aimes ta maîtresse, mais ce n'est pas la question ! Concentre-toi un peu et arrête de remuer ta queue, c'est particulièrement agaçant.

Tu n'as rien remarqué ?

Non ? On se demande à quoi te servent tes grandes oreilles, tu ne captes jamais rien ! Alors, ça ne te semble pas bizarre qu'elle grossisse autant ? Non ?

De toute façon, tu ne te poses jamais de questions ! Il n'y a que la présence du facteur qui te fasse réagir ! Retourne dans ton panier et arrête de me lécher, tu sais que j'ai horreur de ça !

24 JANVIER 601e JOUR DE CAPTIVITÉ

Il y a un grand mystère dans cette maison depuis quelques semaines. Le ventre de Séverine s'arrondit. Mais il n'y a pas une énigme qui résiste à Sherlock Edgar, le plus grand détective que la maison ait connu. Patapouf, suis-moi, nous avons une enquête à mener. Par où commencer ? Une enquête de voisinage ? Passer la maison au peigne fin pour trouver des indices ? Un interrogatoire musclé ? Non, je vais plutôt profiter de tes minces atouts, Patapouf. Tu vas sentir cette robe appartenant à ta maîtresse.

Que sens-tu ?
L'odeur de Séverine. Élémentaire, mon cher Patapouf.
Utilise ton flair et mène-moi à elle.
Oui, je sais qu'elle est dans la cuisine. Mais c'est la seule piste que nous ayons.
Bon, résumons la situation : Séverine a le ventre rond et se trouve dans la cuisine. Bon sang, mais c'est bien sûr ! Si elle a autant grossi, c'est qu'elle mange trop. Voilà, une nouvelle enquête résolue par notre tandem de choc.

25 JANVIER
602E JOUR DE CAPTIVITÉ

Cher journal,
Il y a deux choses que j'adore dans la vie, ce sont les sacs et les fils des écouteurs. Or, que vois-je devant moi ? Soyez un peu concentrés, s'il vous plaît ! Je répète ma question : que vois-je devant moi ? Un fil d'écouteur sortant d'un sac à main. Le double kif, l'équivalent d'une glace avec supplément chantilly ou d'une crêpe avec supplément chantilly (oui, j'aime aussi beaucoup la crème Chantilly). Je sens que je vais jouer avec ce fil durant des heures. Je ne me lasserai jamais de ce jeu.
Bon, je me suis lassé de ce jeu, d'autant que je me suis pris les écouteurs en pleine face et que je suis très sensible du museau !

1er FÉVRIER 609e JOUR DE CAPTIVITÉ

Nous sommes lundi, un jour que d'habitude j'aime beaucoup. Pas vous ? Mais depuis que Séverine ne va plus à son travail, je n'ai plus la paix ! Elle est devenue une vraie obsédée du ménage. Elle passe l'aspirateur deux fois par jour, passe son temps à tout récurer et la maison sent le détergent et l'eau de Javel. Bien qu'étant, comme tous les chats, très propre, je n'aime pas que la maison sente le produit ménager. Pour que je m'y sente bien, la maison doit, un minimum, sentir le chat. Et pas n'importe quel chat, vous l'aurez deviné.

Bon, je sais que tous mes lecteurs ne sortent pas de Sciences Po. Je précise donc que la maison doit sentir mon odeur. Je sais que vous l'aviez deviné, mais je préfère que ce soit bien clair.

3 FÉVRIER 611e JOUR DE CAPTIVITÉ

Aujourd'hui, Séverine a encore été chez son médecin. À chaque fois qu'elle en revient, elle est radieuse et montre ses radios à tout le monde ! Les bipèdes sont vraiment bizarres. Moi, quand je rentre de chez le vétérinaire, je suis groggy et d'encore plus mauvaise humeur que d'habitude. C'est dire ! Mais le plus embêtant dans cette histoire, c'est que tout le monde est à ses petits soins et personne ne s'occupe de moi. Qui est le point d'attraction de ce foyer ? C'est elle ou la magnifique boule de poils aux yeux de perle (moi, pour les lents d'esprit !) ?

4 FÉVRIER 612E JOUR DE CAPTIVITÉ

Non seulement son ventre est énorme comme un ballon de baudruche, mais en plus son nombril, lui aussi, est gonflé. Ça alors ! Je n'avais jamais remarqué. Je n'ai pas de nombril ! En même temps, je me demande à quoi ça sert, ce truc-là. J'ai beau observer avec attention celui de Séverine, je ne lui trouve aucune utilité.

6 FÉVRIER 614E JOUR DE CAPTIVITÉ

Il y a des hommes à qui il ne faut pas adresser la parole avant leur café du matin, moi, c'est avant ma première boîte.

8 FÉVRIER 616E JOUR DE CAPTIVITÉ

J'ai surpris une conversation entre le jeune Rodolphe et sa sœur Léa. Figurez-vous que le gamin aimerait avoir un hamster pour son anniversaire. Un hamster ! Et pourquoi pas un rat, un élevage de souris, un phacochère ou un ornithorynque ? C'est un pavillon ici, ce n'est pas le zoo de Vincennes ! Un hamster, ça ne sert absolument à rien ! Voilà, c'était mon coup de gueule du jour. Sur ce, je retourne me coucher.

Bon, je n'arrive pas à trouver le sommeil, cette histoire de hamster m'agace au plus haut point. Quel est l'intérêt d'avoir un rongeur à la maison ? Un vilain petit rat tournant bêtement dans une roue. Je vous le demande : à quoi ça sert ? De toute façon, il n'y a pas de hamster à la maison, alors je ne vois pas pourquoi je m'énerve, tout seul, sans raison. Il faut que je me calme. Tiens, avant de me recoucher, je vais aller faire mes griffes sur les rideaux, c'est mon antistress préféré.

618e JOUR DE CAPTIVITÉ

Le petit ami boutonneux de Léa est de retour dans MA maison ! Je vois bien qu'il essaie de se rapprocher de moi. Il tente même de me caresser, mais je ne suis pas un petit chat facile, je ne suis pas de ceux qui se socialisent avec le premier venu. Mon affection se mérite. D'autant que lui, je ne sais vraiment pas pourquoi, mais je ne l'aime pas.

12 FÉVRIER 620E JOUR DE CAPTIVITÉ

« Là où se loge le souci, le sommeil ne s'abat jamais. »
William Shakespeare.

« Soucis ou pas soucis, rien ne vaut une petite sieste ! »
Edgar, le chat acariâtre.

Loin de moi l'idée de critiquer ce bon vieux Shakespeare, mais les soucis ne m'ont jamais empêché de dormir.
Quels soucis me demanderez-vous, l'œil goguenard ?
Détrompez-vous, nous aussi, les chats, avons des contrariétés. Ce matin, par exemple, le chat du voisin s'est permis de traverser MON jardin en me narguant, et ça m'énerve au plus haut point ! Pour me consoler, je suis allé dans la cuisine où mon bol était rempli de croquettes light, et ça m'a rendu furieux !
« Être ou ne pas être en colère, telle est la question. »
La réponse est : être en colère.

23 FÉVRIER 631E JOUR DE CAPTIVITÉ

Je vous interdis de vous moquer de moi. Je suis bloqué depuis une heure dans une boîte à chaussures. Comment est-ce possible, me demanderez-vous ? J'aimerais bien le savoir !

Depuis que je suis tout petit, j'aime dormir dans les boîtes à chaussures, et ça ne m'a jamais posé le moindre problème. Or, ces boîtes sont devenues si petites que je n'arrive pas à m'en extirper.

Non, je n'ai pas grossi, c'est ridicule de penser ça !

Ma théorie est tout autre : à cause du réchauffement climatique de la planète, les pieds des humains ont rapetissé ; du coup, les boîtes à chaussures se sont adaptées et c'est pour cela que je reste souvent coincé. Je ne vois pas d'autres explications !

Je pratique le régime « du quand » en ce moment. C'est comme le régime Dukan, mais j'ai arrêté de me demander quand je vais commencer.

Oui, je sais, je devrais peut-être perdre du poids, mais je n'aime pas perdre, c'est dans ma nature. Le sujet est clos.

38

2 MARS 638E JOUR DE CAPTIVITÉ

Hé, Patapouf ! Viens là, il faut qu'on discute. Tu vas m'aider à virer le boutonneux. Mais si, le boutonneux, le petit ami de Léa ! Comment ça tu l'aimes bien ? Mais y a-t-il un seul être sur Terre que tu n'aimes pas ? Le facteur, oui, je sais.

Eh bien, tu n'as qu'à imaginer que le boutonneux est aussi facteur. Non, il ne travaille pas vraiment à La Poste, c'est une image. Concentre-toi un peu !

Bon, j'ai un plan pour le faire fuir. On va pisser dans le casque de son scooter...

Mais si, on a le droit ! Mais non, les parents ne vont pas nous hurler dessus ! C'est pour le bien de la famille que ces deux-là doivent se quitter.

3 MARS 639E JOUR DE CAPTIVITÉ

Séverine a encore grossi, elle occupe maintenant la moitié du canapé. À ce rythme-là, dans deux mois, il ne me restera plus que les accoudoirs. Allez, la grosse, fais-moi de la place, c'est l'heure de ma sieste devant la télé !

7 MARS 643E JOUR DE CAPTIVITÉ

Mais qu'est-ce qu'ils font tous ? Bande de malades... C'est le week-end et les bipèdes sont en train de déménager une pièce de la maison sans avoir demandé au préalable mon autorisation. C'est contraire au règlement intérieur. Pourquoi est-ce qu'ils vident le bureau ? Ou plutôt, MON bureau.
Le bureau est ma 4ème pièce préférée. Elle n'a pas un grand intérêt mais le fauteuil y est assez confortable.

8 MARS 644E JOUR DE CAPTIVITÉ

Mais ils vont arrêter de me casser mes fragiles oreilles avec la perceuse ! Je vais me plaindre au conseil syndical. Je déteste le bruit des perceuses ! C'est une vraie torture pour des oreilles aussi délicates et sensibles que les miennes. Je crois que je préfère encore quand Léa met à fond le disque de M. Pokora ! Comment voulez-vous que je fasse ma sieste ? Depuis le début du week-end, ils s'agitent tous pour réaménager mon bureau. Si ça se trouve, ils me font une chambre, rien que pour moi, avec d'énormes coussins, un coin-cuisine et un gros chauffage. Je suis sûr que c'est pour moi. Ma famille est trop géniale !
En même temps, c'est un peu normal, j'étais le seul membre de la famille à ne pas avoir sa propre chambre. Cette injustice va-t-elle enfin cesser ?

9 MARS 645E JOUR DE CAPTIVITÉ

Tiens, Séverine a l'air triste. Ah non, elle rigole ! Et voilà qu'elle se met à pleurer maintenant ! Je ne sais pas si ce sont les hormones ou bien son traitement médical, mais elle est aussi instable que les étagères.
Ah oui ! Je ne vous l'avais pas dit, les étagères sont si bancales que le beau vase s'est écrasé au sol. Non, ce n'est pas moi ! Arrêtez de m'accuser tout le temps. Le vase est tombé tout seul… quand j'ai sauté sur les étagères.

10 MARS 646e JOUR DE CAPTIVITÉ

Bon, loin de moi l'idée de critiquer les goûts de Marc et de Séverine, mais peindre ma chambre en rose et bleu pastel, quelle drôle d'idée ! Il faut qu'ils arrêtent de regarder Valérie Damidot à la télé !

Cette décoration ne me correspond pas du tout. Je suis un matou, un dur, un tatoué, pas une princesse tout droit sortie de l'imagination mercantile d'un créatif arriéré de chez Disney.

Par contre, le mobilier est super. Un tout petit lit bien confortable, un tapis bien épais, une petite armoire. C'est formidable, j'aime déjà ma nouvelle chambre !

648e JOUR DE CAPTIVITÉ

Pourquoi la porte de ma nouvelle chambre est-elle fermée ? Pour nous, les chats, la pièce dont la porte est fermée est toujours celle où on veut aller.
Bon, ça suffit, ça fait 20 minutes que je miaule devant la porte. Ils vont bien finir par comprendre !
Ouvrez cette p☠MN⚡L de porte !
Comment ça ? Cette pièce n'est pas pour moi ? Je ne comprends pas le concept du « c'est pas pour moi » ! Comment quelque chose que je veux pourrait ne pas être pour moi ? C'est absurde ! J'ai toujours accaparé ce que je voulais et ce n'est pas aujourd'hui que ça va changer !
Ouvrez-moi immédiatement cette porte, ou j'appelle le GIGN !

13 MARS 649e JOUR DE CAPTIVITÉ

Le ventre de Séverine est de plus en plus rond, un vrai ballon de basket. J'avoue que c'est assez agréable de faire une sieste dessus, mais j'ai l'impression qu'il y a quelque chose qui bouge à l'intérieur. Un peu comme si elle avait mangé un poulet vivant. À propos de poulet, ça me donne faim, je n'ai rien avalé depuis près d'une demi-heure, je frôle le malaise.

14 MARS 650e JOUR DE CAPTIVITÉ

Toutes les semaines, Séverine prend une photo de son ventre. Quelle drôle d'idée ! Moi, si j'avais autant grossi, je resterais discret. Mais que fais-tu? Non, arrête! Pourquoi veux-tu me prendre en photo? Non, je n'ai pas grossi ! En tout cas, pas autant que toi !

15 MARS 651e JOUR DE CAPTIVITÉ

La légende raconte qu'un homme a réussi, un jour, à domestiquer un chat. Personnellement, j'en doute.

16 MARS 652e JOUR DE CAPTIVITÉ

C'est ridicule, ils n'arrêtent pas de caresser le ventre de Séverine, sous prétexte qu'elle a grossi. Marc, les enfants et même les voisins s'y mettent. Elle ne devrait pas se laisser faire. Moi, quand on veut me caresser le ventre, je mords ou je griffe.

653ᴱ JOUR DE CAPTIVITÉ

Un oiseau vient de me réveiller en chantant. Lui, si je croise son chemin dans mon jardin, je lui vole dans les plumes ! Il n'y a qu'un bruit que j'apprécie pour me réveiller, celui des croquettes tombant dans ma gamelle. Alors, ferme-la, l'oiseau !

20 MARS 656ᴱ JOUR DE CAPTIVITÉ

J'adore le printemps, c'est ma troisième saison préférée après l'été, quand je me dore au soleil, et l'hiver, où les radiateurs sont bien chauds. Ce que j'aime à cette saison, c'est pouvoir profiter de mon jardin. L'air y est si doux, il y a des fleurs et de jolis papillons. Oui, ça peut vous surprendre, mais j'aime beaucoup les papillons ! Ne voyez pas en moi un indécrottable romantique, mais ils sont tellement beaux et majestueux. J'aime les voir voler, virevolter élégamment, s'approcher poétiquement de moi et leur donner un grand coup de patte pour les assommer et les achever ! Ils font chier, ces papillons !

22 MARS 658ᴱ JOUR DE CAPTIVITÉ

Parmi toutes les grandes questions existentielles que se pose l'humanité, nous trouvons :

- Y a-t-il une vie après la mort ?
- Sommes-nous seuls dans l'univers ?
- Y a-t-il un Dieu qui régit le monde ?
- Quelle est la signification de la vie ?

La seule question que nous, les chats, nous nous posons est : quand est-ce qu'on mange ? Nous sommes pragmatiques. D'ailleurs, quand est-ce qu'on mange ?

23 MARS 659E JOUR DE CAPTIVITÉ

Ce soir, la famille est réunie pour visionner un film d'horreur. Je crois que ça s'appelle « échographie » ou quelque chose comme ça. Ce film est vraiment nul, on y voit en noir et blanc un extraterrestre avec une tête énorme et des mains palmées. Il ne s'y passe absolument rien. Pourtant, tout le monde dans le salon a l'air très ému. Ce film est sans intérêt, long, ennuyeux et même pas en couleurs. Autant dire qu'il a toutes les qualités requises pour obtenir une Palme d'or à Cannes. Moi, je préfère quand ils me mettent le DVD des Aristochats.

24 MARS 660E JOUR DE CAPTIVITÉ

C'est donc ça ! Séverine est enceinte. On me dit qu'elle a un bébé dans son ventre. Comme un Kinder Surprise.
Mon Dieu ! Mais alors... moi aussi, je suis enceinte ! J'ai beaucoup grossi ces dernières semaines ! Nooooooon ! Je ne suis pas prêt à devenir père, je suis bien trop jeune, je ne veux pas avoir de responsabilités, je veux vivre ma vie... Ah non ! c'est vrai, je suis un matou. Alors, pourquoi ai-je autant grossi ? C'est peut-être une grossesse nerveuse.

25 MARS 661e JOUR DE CAPTIVITÉ

Je sais enfin pourquoi je ne peux pas sentir l'ado boutonneux ! Il a un chat ! Je répète : il a un chat ! Je le sentais bien ! Son odeur de chat imprègne ses vêtements !
Oui, nous, les chats, avons tous une odeur. Moi, par exemple, je sens la cannelle naturellement. Vous vous rendez compte, il a un chat ! J'ai horreur de toute forme de concurrence. Je suis comme un militant communiste, très attaché au monopole. Et en plus, il me nargue, chez moi !
Je l'ai entendu vanter les qualités de son chat : « Il est trop beau, c'est un petit chaton angora de 2 mois ! »
Un chaton, et de race en plus ! Comment lutter ?
Les chatons sont, sur l'échelle du mignon, ce qu'il y a de plus élevé !
Oh ! le boutonneux ! Arrête de me caresser, je ne veux pas risquer d'attraper les puces de ton chaton.
Ça ne va pas se passer comme ça ! Croyez-moi !
Aux armes, citoyens, armez vos bataillons ! Oups ! je viens malencontreusement de vomir sur sa veste en cuir. Mon Dieu, que je suis maladroit...

662^{E} JOUR DE CAPTIVITÉ

Séverine va aux toilettes toutes les demi-heures, ce qui est, je l'avoue, très pratique. Pourquoi ? me demanderez-vous. Je vous trouve de plus en plus intrusifs dans ma vie privée ! Cela ne regarde que moi, laissez-moi un peu d'intimité. Bon, c'est bien parce que c'est vous. Nous, les chats, tout comme deux copines dans un restaurant, nous n'aimons pas aller aux toilettes seuls. C'est quand même plus convivial quand on y va à deux ou à trois, non ? D'ailleurs, si vous souhaitez m'accompagner, je ne vais pas tarder à aller dans ma litière.

28 MARS 664E JOUR DE CAPTIVITÉ

Séverine évite de me faire des caresses en ce moment. J'ai entendu dire que les chats n'étaient pas conseillés pour les femmes enceintes. La réciproque est vraie. Les femmes enceintes ne sont pas non plus conseillées aux chats.

29 MARS 665E JOUR DE CAPTIVITÉ

Il paraît qu'il y a des chiens qui cherchent les truffes. C'est idiot, elles sont juste au bout de leur museau. Sur ce trait d'esprit qui aura ravi les plus exigeants de mes lecteurs, je retourne me coucher.

1ER AVRIL 668E JOUR DE CAPTIVITÉ

Ce matin, je me sens comme ma gamelle : vidé. Je ne comprends absolument rien à ce qu'il se passe dans cette maison de fous. Tout le monde est parti en trombe vers 4 heures du matin, me laissant seul avec Patapouf et SANS ME NOURRIR ! Nous ont-ils abandonnés ?
Ils me manquent déjà... Comment vais-je vivre sans eux ?
Non, je ne parle pas de la famille ! Je me fiche de ces déserteurs ! Non, je parle de mes croquettes, mes boîtes au bœuf, au saumon, au poulet... Elles me manquent déjà beaucoup !

669e JOUR DE CAPTIVITÉ

La famille est de retour à la maison, mais sans Séverine. J'espère qu'à force de gonfler, elle n'a pas fini par exploser. Parce que si c'est ça, je me mets au régime tout de suite. Quoique... je déteste tellement les croquettes light que je suis prêt à prendre le risque d'une éventuelle explosion. De toute façon, je n'ai pas pris de poids, juste un peu d'ampleur, pour que vous ayez plus de surface à vénérer et à caresser.

671e JOUR DE CAPTIVITÉ

Chers lecteurs,
Puisque ma famille ne s'occupe plus assez de moi depuis cette histoire de grossesse et que, pour eux, je suis aussi transparent qu'un centriste à l'Assemblée nationale, je vous donne, exceptionnellement, l'autorisation de me caresser. Sachez, avant toute chose, que le câlin est limité en durée et en localisation. Vous avez 3 minutes, pas une de plus, pour me caresser délicatement et uniquement sur le dos. Tout manquement à ces règles élémentaires sera puni d'un coup de griffe. Vous voilà prévenus.

672e JOUR DE CAPTIVITÉ

Je ne comprends pas ! On me dit que Séverine a accouché d'un enfant. Un seul enfant ! C'est ridiculement peu pour une portée ! Moi, j'ai trois frères et deux sœurs jumelles. Nous sommes de faux jumeaux, nous ne nous ressemblons pas. Je vous laisse deviner qui est le plus beau de la portée. Non mais une portée de un ! C'est comme une gamelle avec trois croquettes, un lit avec un seul coussin, c'est tout sauf une portée !

6 AVRIL 673E JOUR DE CAPTIVITÉ

En partant à la maternité, la famille a laissé traîner une assiette de jambon sur la table de la cuisine. Non, ce n'est pas bien, Edgar. Tu ne vas tout de même pas voler de la nourriture ! Tu as déjà eu tes croquettes. Tu parles, je vais me gêner ! Ah ! la nourriture volée est pour moi la meilleure !

Certains lecteurs me demandent si j'ai mauvaise conscience lorsque je fais des bêtises. Mon Dieu, ce que vous pouvez être drôles parfois ! Sachez que les chats n'ont jamais mauvaise conscience. Avez-vous déjà vu un lion, ou votre patron, avoir mauvaise conscience ? Non ! Eh bien nous, c'est pareil !

De toute façon, il suffit de vous regarder avec un air triste pour vous faire fondre et que vous nous pardonniez tout. Vous êtes tellement sentimentaux, vous, les bipèdes !

7 AVRIL 674E JOUR DE CAPTIVITÉ

Ça y est, Séverine est de retour à la maison avec le bébé. Je ne suis pas vraiment un froussard, mais le bébé me fait un peu peur. C'est la première fois que je vois un humain de cette taille-là. Il est aussi petit que moi, mais bien moins mignon. Il est tout rose, sans poils et son langage est des plus primaires.

9 AVRIL 676E JOUR DE CAPTIVITÉ

Ça alors ! Le bébé a reçu plein de cadeaux pour sa naissance ! Moi, je n'ai aucun souvenir d'avoir reçu le moindre présent pour la mienne. C'est totalement injuste. Il y a deux poids, deux mesures. Mais bon, il n'est jamais trop tard pour corriger une erreur. Moi aussi, je veux recevoir des peluches et des jouets. Par contre, oubliez les vêtements et les layettes, ce n'est pas vraiment mon truc.

Baby

15 AVRIL 682E JOUR DE CAPTIVITÉ

Il y a des matins comme ça où je me réveille avec l'envie de faire une grosse bêtise ! Ça ne vous arrive jamais ? Inutile de me mentir, les chats, tout comme les concierges d'immeuble, savent tout sur tout le monde. Quelle bêtise vais-je bien pouvoir faire aujourd'hui ?

- Faire tomber la télécommande ? La dernière fois, ça a allumé la télévision sur une chaîne info et je n'ai aucune envie d'entendre la même chose en boucle toute la journée.
- Faire une fugue ? Il fait bien trop froid.
- Chaparder de la nourriture ? Ce midi, ils mangent de la salade. Or, je ne suis pas une tortue, je déteste ça.
- Arracher les rideaux ? Bonne idée, mais je n'ai pas envie de rester coincé à 1 mètre du sol, comme la dernière fois.

Le mieux est, pour l'instant, de faire une petite sieste. La nuit porte conseil... et la sieste aussi.

16 AVRIL 683^E JOUR DE CAPTIVITÉ

Non mais ce n'est pas possible ! Ça ne va pas du tout ! Le bébé hurle depuis deux heures, c'est absolument insupportable. Vous n'allez pas pouvoir le garder. Il faut le ramener au plus vite à la SPA. C'est beaucoup trop bruyant. J'ai des oreilles trop sensibles pour supporter ça ! Je crois que je préfère encore le bruit de l'aspirateur. Quelqu'un connaît une adresse où acheter des boules Quies pour chat ?

18 AVRIL 685E JOUR DE CAPTIVITÉ

Tous les chats sont brillants ; tous, sauf un : le chat du voisin. Lui, je ne peux pas le supporter. Certains sont intolérants au gluten. Moi, c'est à lui que je suis allergique. Cela fait maintenant deux ans que je lui interdis l'accès à mon jardin, et lui, il continue, comme si de rien n'était, à venir faire ses besoins sur ma pelouse. Soit il est débile, mais ça m'étonnerait tout de même un peu, soit il n'est pas débile et ça m'étonnerait quand même beaucoup.

19 AVRIL 686E JOUR DE CAPTIVITÉ

Patapouf, descends de MON canapé ! C'est bien connu, les canapés ne sont pas faits pour les chiens, mais pour les chats !
Je ne sais pas, va dormir sur une serpillière ou dans ta niche par exemple. Allez, dégage du canapé et va manger ton nonos !
Quelle drôle d'idée de manger des os ! Il faut vraiment être aussi peu gourmet qu'un chien pour se régaler avec ça. Moi qui n'aime que la viande la plus tendre ou les croquettes les plus goûtues...

20 AVRIL 687E JOUR DE CAPTIVITÉ

J'ai un point commun avec Victor Hugo : je n'ai pas lu ses livres et il n'a pas lu les miens.

21 AVRIL 688e JOUR DE CAPTIVITÉ

Ce matin, j'ai autant de mal à me lever qu'un pain sans levure !
~~Le monstre rose~~ Le bébé a hurlé comme un possédé toute la nuit !
Non mais c'est quoi votre problème à vous, les humains miniatures ?
Pourquoi est-ce que vous hurlez comme ça ? Si je faisais autant de bruit à chaque fois que j'ai faim ou sommeil, la maison se transformerait en une scène de concert de hard-rock. Bon, il a l'air de se calmer. Je vais en profiter pour faire une sieste.
Ah non ! il recommence. Au secours !!! Sortez-moi de là !
Au fait, le chialeur miniature s'appelle Hugo à ce qu'il paraît. Hugo, quel drôle de prénom ! Ils n'auraient pas pu l'appeler Minou ou Grisou, comme tout le monde ! Il est à la maison depuis quinze jours, mais je ne peux déjà plus le supporter. Non seulement il m'a volé une pièce de la maison, non seulement il est bruyant, mais, pire que tout, il sent particulièrement mauvais. L'odorat félin est beaucoup plus développé que le vôtre. Imaginez quand ils lui changent les couches, c'est un véritable attentat olfactif ! Une bombe de destruction nasale !!! Le bébé pourrait au moins utiliser une litière comme tout le monde !
Mais certainement pas la mienne !
Je ne sais pas s'il existe un guide ou une notice technique sur les bébés.
Je me pose tant de questions : à quoi ça sert ? Va-t-il grandir ou bien rester un petit être hurlant ? À partir de quel âge les bébés deviennent-ils les esclaves des chats ? Je n'y connais rien. Il faut que je me procure le livre *Les Bébés pour les Nuls*.

Edgar

22 AVRIL
689e JOUR DE CAPTIVITÉ

Je vais, en exclusivité mondiale, vous révéler un de nos grands secrets à nous, les chats.
Je compte sur vous pour ne pas ébruiter l'info. Je peux vous faire confiance ?
Je vais répondre à une question existentielle que vous vous posez tous : pourquoi les chats prennent-ils systématiquement la place de quelqu'un quand il se lève ? Réponse : parce que la place est chaude ! Bluffant, non ?

23 AVRIL 690e JOUR DE CAPTIVITÉ

Je suis d'une humeur de chat ! C'est un peu comme une humeur de chien, mais en pire ! Depuis l'arrivée du petit, je n'arrive plus à dormir, et comme si cela n'était pas assez terrible, ce crétin de Marc m'a fait un shampoing ce matin ! Pour que le bébé n'ait pas d'allergies. Débarrassez-vous du gosse s'il est allergique à mes poils ! Ce n'est pas à moi de m'adapter à lui. Je vous rappelle que j'étais là en premier. C'est moi qui suis allergique à ses cris et à son odeur. Faites-le taire !

24 AVRIL 691e JOUR DE CAPTIVITÉ

Lettre ouverte à l'Académie française

Chers académiciens,

Il faut que vous vous mettiez au travail au plus vite pour trouver un nouveau mot pour remplacer l'avilissant mot de « maître ». Je ne considère pas les humains avec qui je cohabite comme des « maîtres ». Je ne suis pas leur subalterne, leur esclave ou leur employé.

Merci de me faire parvenir une liste de mots susceptibles de pouvoir remplacer cette anomalie linguistique, et ce de préférence avant la fin de cet ouvrage.

Edgar, le chat sans Dieu ni maître.

P.-S. : tant que vous y êtes, pourriez-vous également trouver un synonyme à l'infâme expression : « animal domestique », car sachez, vieillards cacochymes, que je ne suis le domestique de personne !

26 AVRIL 693E JOUR DE CAPTIVITÉ

Quelqu'un a-t-il le numéro du marchand de sable ? Ce n'est pas pour moi, c'est pour en livrer quelques kilos au bébé.

Je suis un vrai zombie à cause du manque de sommeil. J'ai l'impression qu'on m'a retiré la moitié du cerveau. Je vous rassure, même avec une moitié de cerveau, je reste bien plus intelligent que la plupart des hommes. Mais je marche au radar, j'en perds presque l'appétit. J'ai bien dit presque ! D'ailleurs, je retourne, tel un mort-vivant/mort-de-faim, vers ma gamelle.

27 AVRIL 694E JOUR DE CAPTIVITÉ

10 heures du matin. Vous le savez, je sui un aventurier des temps modernes, un explorateur reconnu à l'international, et j'ai décidé, ce matin, d'accomplir un exploit des plus dangereux : visiter la chambre du bébé. La porte est entrouverte. Marc et Séverine sont occupés, le monstre miniature a l'air assoupi.

Je rentre à pas feutrés dans l'antre de l'ennemi. C'est mignon, il y a plein de jouets. Oh ! c'est quoi ça ? Une peluche, c'est super doux. Allez hop, réquisitionnée ! Dorénavant, elle m'appartient ! C'est dingue, il est arrivé il y a à peine un mois et il a plus de jouets que moi. Continuons notre exploration. Oh ! un tapis d'éveil, j'adore ! Réquisitionné !

Attention danger ! Il se réveille et se met à hurler ! Fuyons !!!

28 AVRIL
695e JOUR DE CAPTIVITÉ

Arrêtez d'admirer le bébé. Sincèrement, il n'a rien d'exceptionnel. J'ai l'impression de ne pas être apprécié à ma juste valeur. Je suis un peu comme celui qui a fait le sol de la chapelle Sixtine. Je me sens totalement oublié.

Il paraît que le petit a les yeux de sa mère et le nez de son père. J'espère pour lui qu'il aura aussi l'intelligence, la beauté, l'instinct, le charme et la modestie du chat de la famille.

29 AVRIL 696e JOUR DE CAPTIVITÉ

Non mais quel est le but de la manœuvre ? Est-ce un complot ? une caméra cachée ? Tout le monde a décidé de me gâcher la vie. À peine un mois après l'arrivée du bébé criard, j'apprends que le boutonneux va nous confier son chaton pendant quelque temps parce que sa mère est allergique. Mais chacun ses problèmes !

Un chaton dans MA maison !!!

Je me sens comme un chauffeur de taxi devant un VTC. Ma colère monte. Je ne supporte pas la concurrence, je suis un chat assez exclusif. N'allez pas croire que j'ai peur de me faire voler la vedette. Non, je suis bien trop brillant et beau pour souffrir de quelques comparaisons que ce soit, mais l'idée qu'il y ait un autre chat chez moi me rend malade !

1ER MAI 698E JOUR DE CAPTIVITÉ

Je viens de vomir sur le tapis de la salle de bains. Je sais, ce n'est pas très glamour, mais, si vous vouliez un roman à l'eau de rose, vous n'aviez qu'à acheter un autre livre. Nous, les chats, bien que nous soyons la race la plus raffinée et élégante de toute la faune terrestre (c'est un fait scientifique, inutile de le contester), il nous arrive de vomir de temps en temps pour éliminer notre trop-plein de poils. Oui, nous ingurgitons des poils lors de nos toilettes quotidiennes et répétées ! Si vous croyez que c'est agréable de devoir se nettoyer avec sa langue, essayez donc pour voir !

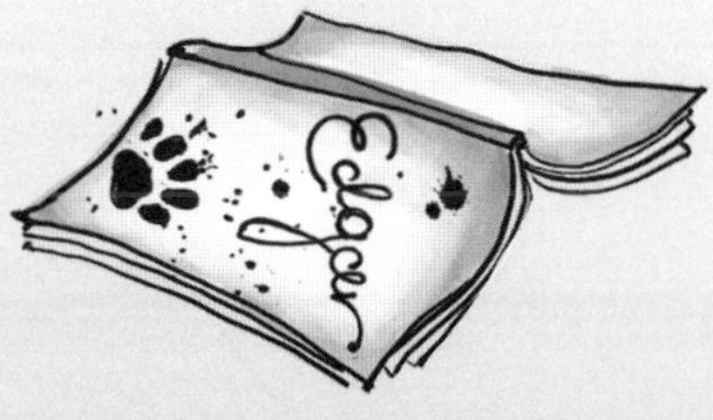

2 MAI 699e JOUR DE CAPTIVITÉ

Arrêtez de me parler comme au bébé ! J'ai une tête de bébé ? Non, je suis un félin sauvage. Mes ancêtres chats étaient tellement féroces qu'ils ont tué tous les dinosaures. Cette théorie n'est pas encore pleinement admise par les scientifiques, mais je n'ai, de toute façon, aucune confiance en cette corporation. Après tout, ce sont les scientifiques qui ont inventé les croquettes allégées.

Bref, je ne suis pas un bipède attardé comme le bébé hurleur. Il faut me traiter avec respect. Oubliez donc vos « Il est où le chat-chat ? » et demandez-moi plutôt : « Avez-vous aperçu, dans les parages, le roi de cette maison ? »

J'espère que c'est bien clair pour vous !

3 MAI 700e JOUR DE CAPTIVITÉ

Bon, il faut absolument que Léa quitte son petit ami pour éviter de voir rappliquer son espèce de chat chez moi. Je n'y connais strictement rien en relations de couple, mais il doit bien y avoir un moyen de les séparer, ces deux-là !

Eh, Patapouf ! Viens là !

Toi qui connais bien le quartier, le monsieur qui promène son teckel tous les soirs devant la maison, il est bien célibataire, non ? Tu crois que ça pourrait coller avec Léa ?

Oui, je sais, il a 55 ans et elle 14 ! Ne sois pas toujours aussi négatif et essaie plutôt de m'aider à trouver une solution. Il faut qu'elle quitte le boutonneux.

Oui, je sais, tu l'aimes bien !

4 MAI 701E JOUR DE CAPTIVITÉ

Dès que le bébé pleure, de jour comme de nuit, les parents se précipitent dans sa chambre pour le nourrir. Moi, il faut que je mendie durant des heures pour avoir mes croquettes. Il est très fort, ce petit ! Quel est son secret ? Vivement qu'il puisse parler pour enfin me le révéler.

5 MAI 702E JOUR DE CAPTIVITÉ

Cette nuit, j'ai dormi dans le lit de Léa pour essayer de mieux comprendre la psychologie d'une adolescente. Vous ne m'y prendrez pas deux fois ! Elle est restée, l'oreille collée à son portable, à échanger des mots doux avec son copain jusqu'à 4 heures du matin ! C'est quoi son problème avec le sommeil ? Il n'y a pourtant rien de plus agréable que de s'endormir sur un lit bien épais. Elle n'est pas née, la chatte pour qui je sacrifierais des heures de sommeil !

6 MAI 703E JOUR DE CAPTIVITÉ

Dormir, dormir... Quel est le crétin qui a inventé l'expression « dormir comme un bébé » ? Le mioche de la maison se réveille toutes les trois heures.
Je vais devenir dingue. Dorénavant, on ne dira plus « dormir comme un bébé », mais « dormir comme un chat dans une maison sans bébé » !

8 MAI 705E JOUR DE CAPTIVITÉ

Le chaton est arrivé chez moi ! En deux mois, il y aura eu, dans ma vie, plus de rebondissements dramatiques qu'en dix ans dans le feuilleton *Les Feux de l'amour !* Non seulement le chaton empiète grossièrement sur mon territoire, mais, en plus, il cherche à socialiser avec moi !
Dégage, le chaton, tu n'es pas le bienvenu ici ! Considère-toi comme un intrus. Tu es autant le bienvenu chez moi que des puces dans mes poils. Inutile de prendre ton air triste pour m'apitoyer. Je connais cette roublardise, c'est moi qui l'ai inventée !
Je ne comprends pas comment vous pouvez aimer autant les chats (à part moi, mais ça, c'est normal) !

9 MAI 706e JOUR DE CAPTIVITÉ

Il paraît que je me comporte comme un fils unique et que je suis égoïste. Patapouf, viens là ! Tu trouves que je suis égoïste ? Mais non, je suis très sympa avec le chaton. Tu ne peux pas comprendre, tu es un chien. Oui, je lui feule dessus quand il s'approche, mais c'est notre façon à nous de dire : « Bienvenue chez moi... Si tu touches à mes affaires, je te fais la peau. »

10 MAI 707e JOUR DE CAPTIVITÉ

Stop, le chaton ! Qu'est-ce que tu fais sur mon coussin ? Dégage !
Stop, le chaton ! Qu'est-ce que tu fais sur mon autre coussin ? Dégage !
Stop, le chaton ! Qu'est-ce que tu fais sur mon fauteuil ? Dégage !
Chaton, pars du principe que tous les endroits un tant soit peu confortables de la maison m'appartiennent.
Dans cette maison, tout ce qui est aux autres est à moi, tout ce qui est à moi... est à moi !
C'est injuste, je sais, mais la vie est parfois injuste. Tu l'apprendras bien assez tôt !

11 MAI 708e JOUR DE CAPTIVITÉ

Cet après-midi, j'ai fait un peu de jardinage. J'ai pissé sur les rosiers, arraché les tulipes et vomi sur les géraniums. Je ne suis pas très fleurs.

709ᴱ JOUR DE CAPTIVITÉ

Hé, le chaton ! Ça ne va pas de faire ça ! Il ne faut pas déchirer les rideaux. C'est strictement interdit.

Pourquoi ? Parce que ce sont MES rideaux et que c'est à moi de les lacérer.

Le chaton me rappelle moi quand j'étais jeune. Cette même fougue, cette énergie, cette vivacité, ce goût du risque. Bref, il est mon portrait craché, en bien moins beau.

13 MAI 710E JOUR DE CAPTIVITÉ

Bon, je dois bien l'avouer, et c'est bien la seule chose que j'avouerai dans ce livre, j'aime bien le chaton du boutonneux. Il est plutôt sympathique pour un chat. Bien sûr, comme tous les chatons, il est un peu trop fougueux. Il court partout, il a bien trop d'énergie et il ne connaît rien à rien. Mais finalement, je l'aime bien, ce petit.

Hé, le chaton ! Viens ici, il faut que je t'apprenne la vie. Tu fais n'importe quoi ! Tu as besoin d'une sérieuse formation au métier de chat. Ne cherche pas systématiquement la présence des humains. Il faut créer de la distance.

• Règle n° 1 : même après une grosse bêtise, il ne faut jamais s'excuser ni avoir mauvaise conscience. Tu es un chat, pas un vulgaire employé.

• Règle n° 2 : quand un humain t'appelle, ne réponds surtout pas. Regarde-le avec mépris et passe ton chemin.

• Règle n° 3 : ne mange jamais dans MA gamelle.

• Règle n° 4 : j'ai le droit de manger dans TA gamelle.

• Règle n° 5 : ne jamais enfreindre les règles n° 3 et n° 4.

Pigé ? Arrête de courir partout et concentre-toi un peu. Je déteste devoir répéter ! N'oublie pas que c'est moi le boss de la maison.

ABCD
abcd

14 MAI 711^{E} JOUR DE CAPTIVITÉ

Ohé, le chaton ! Qu'est-ce que tu vas faire là ? Non, c'est une erreur de débutant ! On ne fait jamais de câlin à un humain qui réclame un câlin. C'est à toi de décider où et quand !
Ce n'est jamais sur demande !
Il faut tout leur apprendre, à ces jeunes !

16 MAI 713^{E} JOUR DE CAPTIVITÉ

Belle-maman est venue rendre visite au bébé et, à présent, elle dort sur mon canapé !
Je ne vais tout de même pas dormir dans mon panier comme un vulgaire chien. Nous sommes bien trop nombreux dans cette maison.
J'ai besoin d'avoir mon espace vital.
La grand-mère et moi n'avons jamais été très proches. Nous nous sommes toujours regardés avec méfiance.
Elle n'est pas très chat et moi, je ne suis pas très humains qui ne sont pas très chat.

17 MAI 714E JOUR DE CAPTIVITÉ

Non, je ne descendrai pas de la table.
Je m'en fiche que ce soit l'heure de votre dîner, je ne descendrai pas de la table !
On est dans un pays libre, je fais ce que je veux. Lâchez-moi, vils oppresseurs des minorités poilues ! Bravo, elle est belle, la démocratie !
Bande de communistes !
Oui, pour nous, les chats, comme chez Les Républicains, « communiste » est une insulte. Nous sommes totalement opposés au partage de nos richesses. Essayez, par exemple, d'expliquer à votre chat que la moitié de ses croquettes doit être redistribuée à la collectivité, et vous verrez sa réaction !

18 MAI 715E JOUR DE CAPTIVITÉ

Alors ça, c'est le pompon !
Séverine a décidé, sous prétexte qu'elle a grossi durant sa grossesse, de mettre toute la famille au régime !
Hé ! Ce n'est pas moi qui ai de vilaines vergetures ! C'est une décision honteuse ! En plus, moi, je n'ai pas grossi. Par contre, je trouve que mon panier a beaucoup rétréci ces dernières semaines !

19 MAI 716ᴱ JOUR DE CAPTIVITÉ

Trois jours que j'ai la belle-mère dans les pattes. Qu'elle commande son fils, sa belle-fille et les enfants, ce n'est pas mon problème, mais qu'elle ose me donner des ordres, ça jamais !
Patapouf, va mordre la vieille sorcière ! Quoi ? Tu l'aimes bien ? Je pense que tu es le seul.
J'espère que le bébé va vomir sur son chandail, sinon je m'en charge.

20 MAI 717ᴱ JOUR DE CAPTIVITÉ

Quand je pense que je m'ennuyais lorsque, avant, je me retrouvais seul à la maison ! Aujourd'hui, je ne rêve plus que de ça : de la solitude, d'une île déserte !
Je n'attends que le moment où Séverine reprendra le travail, que la belle-mère pliera bagage et que le bébé, lui aussi, trouvera un emploi. Il a déjà 2 mois. À son âge, j'avais déjà quitté ma mère pour vivre ma vie.
Je rêve d'un appartement sans bruit et sans personne, une maison où je n'aurais que l'embarras du choix pour me trouver des endroits où tranquillement dormir du sommeil du juste ! Rendez-moi ma vie d'avant !

21 MAI 718E JOUR DE CAPTIVITÉ

J'en suis persuadé, la grand-mère n'a que deux buts dans la vie : gâter le bébé et me pourrir la vie. Elle n'a rien trouvé de mieux que d'offrir à Séverine un robot aspirateur pour qu'elle ne se fatigue plus à faire le ménage. Je suis sûr que ces machines infernales ont été envoyées sur Terre par les extraterrestres pour éliminer les chats. Je ne peux pas déambuler tranquillement sur mon territoire sans risquer de tomber, au coin d'un couloir, sur l'effrayant robot.

719E JOUR DE CAPTIVITÉ

Il faut absolument que je vous raconte ma journée. Tout a commencé vers 10 heures du matin quand... Attention, derrière vous ! Le robot aspirateur fonce droit vers nous ! Fuyons nous réfugier sur l'armoire avant qu'il ne nous aspire !

Je tiens à vous rassurer. Nous n'entendrons plus jamais parler du robot aspirateur. Bien que cette invention soit issue d'une technologie extraterrestre encore inconnue, il a suffi que je fasse tomber un vase de l'armoire pour que le robot soit détruit.

Edgar : 1 – Les extraterrestres : 0.

720E JOUR DE CAPTIVITÉ

Depuis qu'elle a accouché, Séverine s'est mise au yoga. J'adore ça, le yoga. Enfin, surtout le tapis. J'y fais des exercices de méditation très élaborés, comme y dormir sur le dos, sur le côté, roulé en boule. Ça me détend énormément. Je me sens beaucoup plus zen.

721e JOUR DE CAPTIVITÉ

J'arrive toujours, je ne sais comment, à m'accommoder d'un luxe supplémentaire, et ce sans me plaindre ni pleurnicher. C'est, je crois, l'un de mes traits de caractère les plus attachants. Par exemple, je viens de voler le pull en cachemire de Léa pour le cacher sous le canapé. Cela me fera une cachette des plus confortables pour échapper à toute cette agitation.

723e JOUR DE CAPTIVITÉ

« Mon royaume pour un cheval ! »

William Shakespeare, *Richard III*.

« Mon royaume pour une boîte de pâtée au bœuf bien gras[1] ! »

Edgar, *Moi, Edgar, chat acariâtre*, tome II.

---

1. Offre non contractuelle. Si vous croyez que je vais vous donner mon royaume, vous êtes bien crédule.

27 MAI 724^E^ JOUR DE CAPTIVITÉ

Ce matin, je me sens comme un vieux lave-linge, je tourne au ralenti ! Je suis en carence de sommeil. Quand ce n'est pas le bébé qui hurle, c'est le chaton qui me saute dessus pour jouer ! Je vais finir par devenir un réac anti-jeunes.

28 MAI 725^E^ JOUR DE CAPTIVITÉ

Il n'y a pas de raison pour qu'il n'y ait que moi qui sois réveillé toutes les nuits. La vengeance est certes un plat qui se mange froid, mais je n'ai pas la patience d'attendre qu'il refroidisse.
Il est 3 heures du matin. Lancement de l'opération : « Tu dors ? »
Pour cela, rien de plus simple, il suffit de monter sur le lit familial, de grimper sur le ventre de Marc et de lui miauler :
« Hé ! tu dors ? Hé ! tu dors ? Tu dors ? Allô, tu dors ? Pourquoi tu dors ? Réponds-moi, tu dors ? Hé ! dis-moi si tu dors. TU DORS ? »
Attendre qu'il soit bien réveillé et retourner tranquillement se coucher, fier d'avoir accompli cette mission avec succès.

29 MAI 726e JOUR DE CAPTIVITÉ

Avenant au règlement intérieur
Le bébé sera prié de se taire de 22 heures à 7 heures du matin, ainsi que de 7 heures du matin à 22 heures.

1er JUIN 729e JOUR DE CAPTIVITÉ

Vous avez vos papiers ? Moi non, je n'ai pas de pedigree, je suis un sans-papiers. Tout ça parce que je ne suis pas, soi-disant, un vrai chat de race ! Ne trouvez-vous pas cela honteux ? Alors, pourquoi n'organisez-vous pas une manif de soutien ? Et que fait la gauche ? Je ne lis aucun éditorial enflammé dans les colonnes de Libération pour soutenir le sans-papiers que je suis ! Puisque c'est ça, pour enfin me faire entendre, je vais commencer une grève de la faim... À bien y réfléchir, je vais plutôt faire une grève de câlins.

6 JUIN 734ᴱ JOUR DE CAPTIVITÉ

SONDAGE

Qui préféreriez-vous avoir à la maison ?

- Un adorable et brillant petit chat, comme moi.
- Un nourrisson hurlant vingt heures par jour, sentant la couche souillée et pour qui vous allez devoir vous endetter sur vingt ans pour lui payer des études supérieures qu'il abandonnera pour essayer, en vain, d'être une star de la téléréalité.

Sans surprise, vous êtes 90 % à m'avoir choisi. Quant aux 10 % restants, sachez que je vous méprise.

8 JUIN 736ᴱ JOUR DE CAPTIVITÉ

Le chaton, ne touche pas à ma gamelle ! Marc, nourris-moi ! Patapouf, au pied ! Nul n'est censé ignorer ma loi. N'allez pas croire que je suis un dictateur. Non, très peu pour moi, cela demande bien trop de travail. Mais il est vrai qu'il m'arrive d'être, de temps à autre, un tantinet directif. Je suis particulièrement tatillon sur l'heure des repas. Mon petit déjeuner doit être servi à 6 heures du matin, week-end compris, et le dîner à 17 h 30.
Je sais que ça ne vous arrange pas, mais ce n'est tout de même pas à moi de m'adapter à vos horaires !

13 JUIN 741E JOUR DE CAPTIVITÉ

Quand il dort, le bébé est mignon, mais quand il se réveille, c'est une autre histoire. Alors que moi, que je dorme ou pas, je suis beau. Non, ce n'est pas du tout un excès de mégalomanie, c'est un fait avéré.

15 JUIN 743E JOUR DE CAPTIVITÉ

Hé, le chaton ! Viens ici ! Calme-toi ! Non, je n'ai pas envie de jouer. Arrête de me mordiller et concentre-toi un peu !

J'ai une mission pour toi. Tu vas aller voir Marc et faire semblant de mourir de faim. N'hésite pas à en faire des tonnes ! Fais les yeux tristes, simule un malaise pour qu'il te remplisse ta gamelle de croquettes que je pourrai aller manger.

Pourquoi je n'y vais pas moi-même ? Parce que ça ne marche plus avec moi. J'ai été démasqué et ils me connaissent trop pour que cela fonctionne encore. Allez, gamin, vas-y et ne me déçois pas !

Bravo, chaton ! La gamelle est pleine. Comment ça, c'est ta gamelle ? Tu oublies qui est le boss ? Je vois que tu apprends vite, gamin. Très bien, je te la laisse.

Oh ! t'as vu ? Je crois qu'il y a un oiseau sur le bord de la fenêtre. Oui, va le chasser. C'est bien, gentil chaton.

Les jeunes sont si crédules !

Qu'est-ce qu'elles sont bonnes, ces croquettes spécial chatons...

18 JUIN 746e JOUR DE CAPTIVITÉ

Cette nuit, j'ai rêvé que je dormais. Du coup, j'ai eu un double réveil en entendant le bébé hurler. Je suis donc doublement de mauvaise humeur ce matin.

19 JUIN 747[E] JOUR DE CAPTIVITÉ

Alléluia ! le bipède miniature fait enfin ses nuits ! Il était temps ! Je commençais à avoir autant de cernes que Marc et Séverine, mais, Dieu merci, mes poils les recouvrent bien.
Bon, il est quand même mignon, le bébé, quand il ne pleure pas. On commence tous les deux à faire connaissance. C'est vrai, il n'est pas encore très intéressant, ses interactions sont limitées, mais il a une bonne bouille. Quand il sera un peu plus éveillé, je ferai de lui un allié : les bipèdes sont comme les chatons, il faut les former très jeunes.

20 JUIN 748[E] JOUR DE CAPTIVITÉ

Non, je ne bougerai pas! Vous n'avez qu'à appeler les CRS pour me déloger.
Le lit du bébé est, de loin, le plus confortable de cette maison et je ne vois aucune raison de ne pas y faire une sieste ! Mais non, ce n'est pas dangereux ! Il y a de la place pour nous deux ! J'adore dormir au milieu de ses peluches.
Donnez-moi une seule raison de ne pas y dormir.
Ah non ! Ce dégoûtant petit être vient de faire dans sa couche ! Vous avez gagné, je vais aller dormir ailleurs.
Il paraît qu'un chat a parcouru plus de 1 000 km pour rentrer chez lui.
Il faudrait vraiment que j'habite dans un château confortable, bien chauffé, avec un chef trois étoiles à la cuisine pour que je fasse autant de kilomètres pour rentrer à la maison ! En tout cas, je ne ferais même pas 100 mètres pour retrouver une maison qui empeste la couche souillée.

21 JUIN 749E JOUR DE CAPTIVITÉ

Le bébé a plus de jouets que moi. C'est un constat. Mais le jeu que je lui envie le plus, c'est le mobile au-dessus de son lit. Je veux le même. Voir de jolis petits anges, tout mignons, tourner en rond réveille en moi mes instincts de chasseur. Je n'ai qu'une envie : les réduire en charpie, les déchirer, les mordre, les détruire, ces anges imbéciles. Le bébé, lui, est bien plus pacifique. Il se contente bêtement de rire quand Marc remonte son mobile pour le faire tourner. S'il faut attendre que le bébé parte à la chasse pour pouvoir être nourri, je vous assure que la famine va décimer la famille.

22 JUIN 750E JOUR DE CAPTIVITÉ

Chaton, viens ici, c'est l'heure de ta formation du jour !

Leçon n° 33 : que faire quand, le matin, tu as faim et que les humains dorment encore ?

Non, ne pas les laisser dormir. Un peu de jugeote, petit !

Oui, il faut les réveiller, et ce par tous les moyens.

Travaux pratiques : ton « maître » boutonneux dort sur le canapé.

Va le réveiller. Alors là, bravo petit ! Même moi, je n'aurais pas pensé à lui faire tomber le vase sur la tête. C'est osé, mais efficace. L'élève vient de surpasser le maître !

753E JOUR DE CAPTIVITÉ

Mon plan pour la journée

Me réveiller

Faire quelque chose → Ne pas être motivé → Me recoucher

Ne rien faire → Me sentir coupable → Me recoucher

30 JUIN 758E JOUR DE CAPTIVITÉ

Chaton, ne fais pas ça ! Grossière erreur à nouveau !
Quand un humain rentre du travail, tu dois le snober. Ce n'est pas à toi de t'adapter à son planning.
Interrogation surprise : chaton, c'est qui le patron ?
Non, ce n'est pas ton « maître ». Arrête d'utiliser ce mot, il me hérisse le poil. Nous n'avons pas de maîtres, mais des serviteurs !
Alors, c'est qui le patron ?
Non, ce n'est pas toi non plus, jeune mégalomane. N'oublie jamais que le patron, c'est moi !

7 JUILLET 765E JOUR DE CAPTIVITÉ

Mais arrêtez d'être gaga en regardant le bébé ! Il n'a rien de mignon ! Il est tout rose, boursouflé, n'arrive pas à se déplacer seul et, en plus, il sent la couche pleine.
Non, c'est ridicule, vous feriez mieux de m'admirer moi. Quand je vois Marc et Séverine s'extasier sur leur bébé plutôt que sur ma petite personne, j'ai l'impression de voir un couple de Belges visitant le musée du Louvre, passant à côté de la Vénus de Milo sans la voir et prenant en photo l'extincteur. Le seul et unique chef-d'œuvre de cette maison, c'est moi et moi seul !

10 JUILLET 768E JOUR DE CAPTIVITÉ

Grande nouvelle, Séverine va reprendre le travail. Je vais enfin retrouver la paix et la tranquillité dans ma maison. Je me demande ce qu'ils vont faire du petit. Probablement le laisser dans la voiture ou l'emmener au bureau. En tout cas, ne comptez pas sur moi pour jouer les baby-sitters et pour lui changer les couches. J'ai des pattes bien trop délicates pour faire des choses aussi dégoûtantes.

20 JUILLET 778E JOUR DE CAPTIVITÉ

Ohé, le chaton ! Inutile de miauler comme une chanteuse de RnB, je ne veux pas jouer ! C'est l'heure de ma sieste post-grignotage de 15 heures. Ça fait partie de mes rituels et mes rituels sont immuables. Alors, tu es gentil, tu vas embêter les bipèdes ou le chien, mais tu fais ça en silence. Merci !

21 JUILLET 779E JOUR DE CAPTIVITÉ

Cher journal,
Entre le bébé et le chaton du boutonneux, la concurrence est devenue de plus en plus rude pour moi. J'ai un mal fou à rester le centre de toutes les attentions. Il faut que je déploie des trésors d'inventivité pour qu'on remarque à nouveau ma présence. Ce matin, par exemple, j'ai commencé par vider le contenu de ma litière sur le sol, puis j'ai utilisé le pot de la plante verte comme litière avant d'arracher le papier peint du salon. Bizarrement, ils se sont souvenus de mon existence. Certes, en me hurlant dessus, mais bon... Je considère tout de même cette opération comme une petite victoire.

22 JUILLET 780E JOUR DE CAPTIVITÉ

Le chaton, tu n'en es qu'au début de ta formation au métier de chat. Agis comme un chat devrait agir. Je vais te suivre tout l'après-midi. Fais comme si je n'étais pas là. C'est un peu comme si tu étais en conduite accompagnée.
Stooooop ! Erreur ! Tu as laissé la place sur le canapé pour que le chien s'y installe. Trois points en moins !
Stooooop ! Deuxième erreur ! Tu as laissé partir les parents sans leur demander à manger. Six points en moins. J'ai bien peur de devoir te retirer ton permis provisoire.

23 JUILLET 781E JOUR DE CAPTIVITÉ

« Après un bon dîner, on peut pardonner à n'importe qui, même à sa famille. »

Oscar Wilde.

« Après un bon dîner, on peut pardonner à n'importe qui, même à sa famille, sauf s'ils vous ont servi des croquettes light. »

Edgar, le chat acariâtre.

Edgar

787e JOUR DE CAPTIVITÉ

Cher journal,
C'est l'heure de mon quart d'heure de folie. Toute personne ayant déjà cohabité avec un chat connaît ce moment où nous nous mettons à courir comme des dingos, où nous sautons partout à toute vitesse, et ce sans aucune raison valable. Mais grâce à moi, vous allez enfin savoir pourquoi nous avons ces quarts d'heure de folie.
Pour avoir la réponse, envoyez : MAISQUESTCEQUILFOUTCECHAT au 8 22 22 (coût d'un SMS + 3 euros qui seront reversés à l'association Du foie gras pour Edgar).

792e JOUR DE CAPTIVITÉ

Puisqu'ils changent les couches du petit trois fois par jour, j'exige que ma litière le soit aussi. Ce n'est pas de la jalousie, c'est simplement de l'équité.
Hé ! faites attention, ce n'est pas parce que je fais une sieste dans le bac à linge sale qu'il faut me mettre dans la machine à laver ! Je suis autonettoyant.

794e JOUR DE CAPTIVITÉ

Marc, qui perd ses cheveux, en laisse partout. C'est vraiment dégoûtant. N'est-ce pas moi qui suis censé lui laisser des poils sur ses vêtements ? C'est le monde à l'envers ! Les humains sont vraiment mal foutus. Il y a clairement un vice de fabrication chez eux. Certes, je perds mes poils, mais ils se régénèrent automatiquement selon les saisons, alors que, si j'en juge par le crâne de Marc, ce n'est clairement pas le cas chez lui.

806e JOUR DE CAPTIVITÉ

Hé, la famille, je suis là ! Regardez-moi, je suis entre le bébé et le chaton ! MIAOUUUUUU. Oui, j'en suis même réduit à miauler.
Puisque je ne suis plus le centre d'attention de la famille, je vais me trouver une bonne cachette, histoire qu'ils me cherchent partout et qu'ils s'inquiètent un peu. Voilà, dans le dressing, derrière les pulls, c'est une cachette idéale.
Bon, ça fait cinq heures que je suis caché et ils ne me cherchent même pas ! Ça fait vraiment plaisir. Je me sens comme un célibataire le jour de la Saint-Valentin ou comme un eunuque dans une soirée échangiste, totalement inutile. Mais je suis un chat obstiné. S'il faut que je reste caché des jours entiers pour qu'ils remarquent enfin mon absence, je resterai terré dans ma cachette. Qu'est-ce que j'entends ? Le bruit de ma gamelle ? Bon, tant pis, je me cacherai un autre jour. À table !

18 AOÛT 807E JOUR DE CAPTIVITÉ

Les amis, l'heure est grave. L'horrible vétérinaire vient de laisser un message sur le répondeur de la maison pour confirmer mon rendez-vous de demain. Il n'est pas question que j'y aille ! Je n'ai pas besoin d'un détartrage. C'est très joli, le jaune. C'en est trop pour moi ! Le bébé, le chaton et maintenant le véto, je me casse de cette maison de fous. Adieu !

Patapouf, tu viens avec moi ? Non ? Lâcheur !

Je vous quitte. Non, ne pleurez pas. Non, pas de cris, pas de larmes, c'est le destin. Je suis un chat sauvage et solitaire. Je n'ai pas besoin de tout ce confort, je me dois de vivre ma vie. Je ne vous dis pas au revoir, je vous dis adieu.

Bon, il pleut. Je vais peut-être attendre quelques jours, ou quelques mois, avant de prendre enfin mon indépendance.

19 AOÛT 808E JOUR DE CAPTIVITÉ

Je suis aussi vide qu'une bouteille de pastis dans un commissariat. Cette journée passée chez l'ignoble vétérinaire m'a totalement épuisé. Mais ça ne va pas se passer comme ça. Ma vengeance sera terrible. À partir de maintenant, je commence une grève illimitée de câlins !

Hé toi, le chaton, un peu de solidarité ! Toi aussi, tu ne leur feras aucun câlin. Et toi, le bébé, interdiction de leur sourire. Si nous ne restons pas unis, nous n'arriverons pas à vaincre l'oppresseur.

27 AOÛT 816E JOUR DE CAPTIVITÉ

Au lieu de me regarder bêtement, vous feriez mieux de m'aider à chasser cette grosse mouche. Ça fait 10 minutes que je saute comme un kangourou dans l'espoir de l'attraper. Non, chers lecteurs, je ne chasse jamais pour me nourrir, mais par jeu. Vous imaginez sérieusement un gourmet comme moi manger une mouche ? Même avec de la sauce, cela reste dégoûtant. Non, le chaton, laisse ma mouche tranquille. C'est mal de faire du mal à des petites bêtes. Non, je déconne, c'est ma proie. Regarde un vrai chasseur et apprends.

Bon, cette mouche est trop vive pour moi, je laisse tomber.

Hein ? Ah oui, chaton, la leçon que tu dois retenir du grand chasseur, c'est que lorsqu'une mission est trop fatigante, il est sage de l'abandonner.

3 SEPTEMBRE 823E JOUR DE CAPTIVITÉ

Monsieur le juge, je suis victime d'une présomption de culpabilité.

Sous prétexte que le fauteuil en cuir a été griffé, je suis jugé coupable de ce délit sans qu'il y ait de preuves à charge ou toute forme de procès équitable.

Pourquoi le bébé ne serait-il pas le responsable de ce délit ? Ou bien Patapouf ? Ou le chaton ? Si ça se trouve, c'est le sofa qui s'est infligé lui-même ces griffures.

Bon, il se trouve que, dans le cas présent, c'est bien moi qui ai planté mes griffes dans le canapé, mais ce n'est pas une raison pour m'accuser sans preuve.

832e JOUR DE CAPTIVITÉ

Cher journal,
L'heure est grave, les deux ados boutonneux sont en train de se séparer. Il faut absolument faire quelque chose. Je me suis énormément attaché au petit chaton angora et sa formation est loin d'être terminée. Il fait encore n'importe quoi. Je l'ai même vu obéir à un ordre ! Il faut absolument trouver une solution pour que ces deux jeunes bipèdes restent ensemble. Mais laquelle ?
Patapouf, viens ici !
Il ne faut pas que les boutonneux se séparent.
D'après toi, qu'est-ce que les jeunes filles aiment ?
Non, je ne crois pas que les jeunes ados aiment jouer à la baballe avec leur maître. Tu ne m'es d'aucune utilité, le chien.

13 SEPTEMBRE 833e JOUR DE CAPTIVITÉ

Je ne suis pourtant pas un sentimental, mais l'idée de ne plus avoir le chaton dans mes pattes m'est insupportable.
Par contre, si quelqu'un pouvait me débarrasser du bébé, je suis preneur. Je crois, d'ailleurs, que les parents cherchent aussi à s'en séparer. J'ai entendu Séverine dire à Marc qu'il fallait changer le bébé.

14 SEPTEMBRE 834e JOUR DE CAPTIVITÉ

Avec toutes ces histoires, je suis totalement déprimé.
Patron, un double Whiskas, s'il vous plaît ! Sans glace.
Je sens que je vais rentrer à quatre pattes ce soir !

16 SEPTEMBRE 836E JOUR DE CAPTIVITÉ

Extrait du Code du travail pour les chats Article L. 224-1 (confirmé par l'ordonnance n° 20015-654 du 13 mars 2007) – Tout employeur désirant engager un chat devra au préalable lui aménager, dans son emploi du temps, des siestes pouvant aller de 5 minutes à 3 heures à différents moments de la journée. Ledit employeur devra également laisser au chat l'usage de son fauteuil de direction, le fauteuil le plus confortable de la société. Enfin, l'employeur ne sera pas autorisé à donner un quelconque ordre à l'employé chat. De plus, le chat aura 300 jours de congé annuels, ainsi que 65 jours de RTT. Cet accord n'est en aucun cas négociable.

17 SEPTEMBRE 837E JOUR DE CAPTIVITÉ

Hé, le chaton ! Viens ici ! Viens ici ! Je sais que je t'ai appris à ne surtout pas venir quand on t'appelle, mais cette règle ne s'applique qu'aux humains.

Je vais te raconter une blague :

Quelle race de chat utilise-t-on pour faire un trou dans un mur ?

Un chat persan.

Tu n'as pas compris ? Tu es encore plus lent que le chien ! C'est terrible d'être un surdoué entouré d'imbéciles. J'ai l'impression de diriger une équipe de foot !

19 SEPTEMBRE
839e JOUR DE CAPTIVITÉ

Le bébé a réussi à dire « le chat » quand je suis entré dans sa chambre. J'en suis presque ému. Inutile de vous moquer de moi, je vous rappelle que vous êtes en train de lire le journal intime d'un chat acariâtre et non celui d'un chat sentimental.

Enfin… quand je dis qu'il a prononcé « le chat », c'est un peu exagéré. Cela ressemblait plus à « euuuu a » ou « leeee paaaa », mais bon, je suis sûr que c'était pour moi. Je sens que le petit Hugo va devenir un bon copain.

Hé, Patapouf ! Est-ce que le bébé réussit à prononcer ton nom ? Dommage, ce doit être parce qu'il ne t'aime pas.

21 SEPTEMBRE 841e JOUR DE CAPTIVITÉ

C'est dégoûtant et rassurant à la fois. Les deux ados sont sur le canapé en train de se faire des léchouilles. Beurk ! Une langue sert à se laver, pas à laver la langue d'un autre ! Bon, le côté positif, c'est qu'ils se sont réconciliés et que le chaton va pouvoir rester à la maison. Ça, c'est une bonne nouvelle !

24 SEPTEMBRE 844[E] JOUR DE CAPTIVITÉ

Comme Marc a lâchement décidé de dormir avec des boules Quies pour ne pas entendre mes complaintes le matin et ne pas avoir à se lever pour me nourrir, je me suis adapté. Dorénavant, je lui bouche les narines jusqu'à ce qu'il s'étouffe et se réveille. Cela est certes un peu brutal, mais bigrement efficace.

22 SEPTEMBRE 842[E] JOUR DE CAPTIVITÉ

Cher journal,
Le bébé fait ses nuits et le chaton reste. Je vais enfin pouvoir retrouver un peu de tranquillité d'esprit. Fêtons cela ! Allez, croquettes pour tout le monde !
Non, je plaisante, croquettes pour moi et pour moi seul. Mais je vous autorise, exceptionnellement, à me regarder manger.

25 SEPTEMBRE 845ᴱ JOUR DE CAPTIVITÉ

Mais quel bazar ! J'adore ! La maison s'est transformée en un véritable parc d'attractions. Il y a des cartons vides partout ! J'adore les cartons vides ! Je me sens comme une Parisienne le jour des soldes ou bien comme un enfant à Disneyland. Je ne sais plus où donner de la tête !

Je saute d'un carton à l'autre. Aujourd'hui, j'ai prévu de faire la sieste dans six cartons différents.

26 SEPTEMBRE 846ᴱ JOUR DE CAPTIVITÉ

Je sens bien que le bébé cherche à communiquer avec moi, mais je ne comprends pas un traître mot de ce qu'il est en train de me raconter.

Comment ça ? Papapapapapapa ?

Je ne suis pas ton père, mon petit. Si c'était le cas, crois-moi, tu serais beaucoup plus beau que tu ne l'es.

Tu vois le vilain monsieur qui perd ses cheveux ? Eh bien, c'est lui, ton papa. Comment ça ? Mama, mama, mama ?

Ça y est ! Cet imbécile me prend pour sa mère ! Décidément, ce n'est pas un génie, le petit.

27 SEPTEMBRE 847E JOUR DE CAPTIVITÉ

Vous me voyez ? Non ? C'est normal, je suis caché dans un carton. Je peux vous dire que celui qui arrivera à me faire sortir de ma cachette n'est pas encore né.
Ah ! au temps pour moi ! J'entends le doux bruit des croquettes tombant dans ma gamelle. Je crois qu'il est temps pour moi de quitter mon carton.

28 SEPTEMBRE 848E JOUR DE CAPTIVITÉ

Il est vraiment étrange, ce bébé. Il refuse de manger ses petits pots. Moi, de toute ma vie, je n'ai jamais refusé de manger quoi que ce soit.

C'est idiot de gâcher de la nourriture. Si tu n'en veux pas, je vais la manger, ta boîte. Alors, voyons voir ça. Petit pot épinards-carottes. Beurk ! Je comprends que tu ne veuilles pas avaler ça ! Ne te laisse pas faire, petit ! Tu veux que je te donne une de mes boîtes ? Non, je plaisante. Le partage est contraire à mes valeurs.

29 SEPTEMBRE 849E JOUR DE CAPTIVITÉ

Ma patience a des limites. Pourriez-vous, une bonne fois pour toutes, expliquer au bébé que je ne suis pas le Mickey dans un manège ? Il n'a pas à m'attraper la queue pour gagner un tour gratuit quand je passe près de lui. Ce qu'il risque de gagner, c'est un coup de patte sur le nez. On ne tire pas la queue des chats ! Est-ce bien clair, petite chose ?

1ER OCTOBRE 851E JOUR DE CAPTIVITÉ

Comment ça un déménagement ? Mais je ne veux pas déménager, moi ! Je suis ici chez moi. C'est mon territoire, mon fief, mon royaume ! On ne demande pas à la reine d'Angleterre d'aller vivre en Belgique. Eh bien, moi, c'est pareil. Je refuse l'exil. J'ai tous mes repères ici ! Chaque centimètre carré de ce pavillon a mon odeur. J'ai passé deux ans à protéger mon jardin de toute incursion de mon ennemi, cet imbécile de chat du voisin ! Dans une nouvelle maison, je vais devoir me trouver un nouvel ennemi. Je refuse ! Partez si vous le voulez. Moi, je reste !

Par contre, laissez-moi le canapé, les lits, les radiateurs et des centaines de sacs de croquettes ouverts.

2 OCTOBRE 852E JOUR DE CAPTIVITÉ

La maison est sens dessus dessous. Tout le monde court à droite et à gauche pour faire les cartons. Comme si cela ne suffisait pas, cerise sur le gâteau, le bébé n'arrête pas de hurler. Je pense que si je devais donner une définition de l'enfer, ce serait celle-là ! Moi qui suis comme le dalaï-lama, un chat qui ne recherche que le calme et la sérénité, cette situation me perturbe beaucoup. Par contre, au contraire du dalaï-lama, je ne suis pas un adepte de la non-violence. Soyez prévenu !

3 OCTOBRE 853[E] JOUR DE CAPTIVITÉ

Avant d'éventuellement quitter la maison, laissez-moi le plaisir d'enfin déchiqueter l'horrible papier peint de la chambre.

Ah ! Ça fait un bien fou ! J'adore voir tomber les bandes de papier. Il est laminé de partout. C'est jouissif ! Comment ça ? Inutile de me hurler dessus ! Je n'étais pas au courant que vous n'étiez que de vulgaires locataires ! Oui, là, forcément, ça va être plus compliqué de récupérer la caution.

4 OCTOBRE 854[E] JOUR DE CAPTIVITÉ

Je ne quitterai pas ma maison. J'ai pris ma décision ! Inutile d'insister, j'y suis, j'y reste. Nous, les chats, nous sommes aussi têtus que des Bretons ! Non, je ne rentrerai pas dans ma boîte de transport ! Vous ne m'attraperez jamais !

Quelle est cette douce odeur ? Celle d'une bonne boîte de poulet en sauce ? Vous pensez sincèrement me piéger en mettant ma gamelle dans la boîte de transport ? Vous me prenez pour un idiot ou quoi ?

5 OCTOBRE 855e JOUR DE CAPTIVITÉ

Bon… j’ai fini par succomber à la tentation et me voilà, moi aussi, dans le camion du déménageur, entre le landau du bébé et Patapouf.

D’ailleurs, Patapouf, pourquoi les esclavagistes ne t’ont-ils pas mis en cage ? Comment ça qui? Ben, tes maîtres! Oui, je sais, tu les aimes. Sa servilité est sans limites. Il n’y a que les rebelles qui sont mis en cage. Je suis comme Edmond Dantès dans sa prison du château d’If et, comme le comte de Monte-Cristo, ma vengeance sera terrible!

6 OCTOBRE 856e JOUR DE CAPTIVITÉ

Il va falloir prévenir au plus vite le bébé que je ne suis pas une de ses peluches. Dès que je m’approche de son tapis de jeux, il essaie de m’attraper. Est-ce que je ressemble à une peluche ? Bon, admettons que je ressemble à une peluche, mais je ne suis pas là pour assouvir son manque affectif. Écoute-moi, petit, je t’aime bien, mais je ne suis pas doté d’une patience aussi élastique que tes couches.

10 OCTOBRE 860E JOUR DE CAPTIVITÉ

Cher journal,
Je sais que je t'ai délaissé depuis quelques jours mais, avec cette histoire de déménagement, j'étais un peu chamboulé. Vous ne pouvez pas savoir à quel point cette situation est stressante pour quelqu'un d'aussi casanier que moi. Imaginez que vous deviez déménager, du jour au lendemain, sur la planète Mars. C'est la même chose pour moi ! Mon ancienne maison était mon univers, j'en connaissais chaque recoin, chaque cachette de nourriture... Oh, mon Dieu !!! Noooooooooon ! C'est pas possible !!! J'ai oublié, avant de partir, de manger les croquettes que j'avais stockées, mois après mois, dans le dressing !!! Vite, il faut y retourner ! Hep, taxi !

11 OCTOBRE 861E JOUR DE CAPTIVITÉ

Je suis très déçu. Bien qu'elle soit plus grande que mon ancienne demeure, les esclavagistes, qui se considèrent à tort comme des membres de ma famille, n'ont pas jugé utile de m'octroyer une chambre, rien que pour moi. Parents indignes !
Ce qui me manque le plus, dans ma nouvelle maison, c'est mon copain, le chat du voisin. On s'amusait bien tous les deux. J'adorais lui feuler dessus, lui cracher mon venin et l'insulter. Je suis sûr que je lui manque déjà beaucoup.

12 OCTOBRE
862E JOUR DE CAPTIVITÉ

Alors là, je crie au plagiat. Je viens d'ouvrir un livre qui raconte le quotidien d'un chat merveilleux, intelligent et drôle. Il faut absolument porter plainte contre l'auteur pour cette contrefaçon.

... Au temps pour moi, oubliez. Il s'agit du premier tome de mes mémoires, publié il y a deux ans. Faites comme si je ne vous avais rien dit.

13 OCTOBRE 863E JOUR DE CAPTIVITÉ

Salut, le chaton, je suis content de te revoir. Je te fais faire le tour de mon nouveau territoire ? Alors là, c'est mon salon. Qu'est-ce que tu fais, petit con ? Je t'interdis de déposer ton odeur sur mon canapé ! Comment ça, c'est aussi chez toi ? Je ne sais pas si tu es déjà en pleine crise d'adolescence, mais je te rappelle que c'est moi qui suis le patron ici ! Tu n'es pas chez toi, tu y es toléré grâce à ma grande bonté. Alors, tes phéromones, tu les gardes pour chez toi !

15 OCTOBRE 865E JOUR DE CAPTIVITÉ

Pour que je me sente mieux dans ma nouvelle maison, mes « maîtres » ont eu l'excellente idée (ce qui est assez rare pour être signalé) de disperser de l'herbe à chat un peu partout. Pour les non-chats qui me lisent (et je sais que vous êtes nombreux, le premier volume de ce journal a fait la fortune de mon éditeur humain), l'herbe à chat nous rend complètement euphoriques, voire, en ce qui me concerne, complètement dingue. J'adore ça ! Je me roule partout, je suis complètement stone. Je suis accro à cette herbe magique.

866ᴱ JOUR DE CAPTIVITÉ

Lorsque je respire de l'herbe à chat, je perds tout contrôle et je me fais parfois honte. Un peu comme vous, messieurs, le dimanche matin, essayant de vous souvenir de tout ce que vous avez fait d'étrange la veille, ivres morts en boîte de nuit.

Moi, je me souviens d'avoir réclamé des câlins, telle une nymphomane, à tous les membres de la famille. Je me souviens m'être mis sur le dos pour qu'on me gratte et qu'on me caresse. Quelle honte ! On ne m'y reprendra pas. J'ai de la volonté, j'arrête définitivement l'herbe à chat.

C'est décidé ! Je veux de l'herbe à chat ! Donnez-moi mon herbe à chat !

Patapouf, viens là ! Tu vois ce placard ? Derrière la porte, il y a mon herbe à chat. Alors, tu vas te servir de ta vilaine grande gueule pour l'ouvrir. Je sais qu'on n'a pas le droit, mais je t'en donne l'autorisation, même l'ordre. Je veux mon herbe !

18 OCTOBRE
868ᴱ JOUR DE CAPTIVITÉ

Il y a une bande de chats dans mon nouveau jardin. Je suis caché derrière la fenêtre et je les observe depuis une heure. Je suis un chat très brave mais, vu leur nombre, j'hésite quand même un peu à aller leur chercher des noises et à les forcer à partir. Patapouf, viens là, mon frérot, mon copain, mon poto. Oui, moi aussi, je t'aime. Tu vois les chats dans le jardin ? Eh bien, je compte sur toi pour les faire fuir. Allez, mon chien, vas-y, attaque ! Mais qu'est-ce qu'il fait, ce crétin de chien ? Il leur fait un câlin ! Mais c'est pas possible !!!

Patapouf, viens ici ! Tu es idiot ou complètement débile ? Pardon, question inutile, je sais que tu es idiot et débile. Je t'ai demandé de les faire fuir, et toi, tu leur fais des léchouilles. Comment ça, tu les aimes bien ? Mais je m'en fous que tu les aimes bien ! Ce n'est pas une question d'amitié, mais c'est une question de territoire. Je ne peux décidément compter sur personne dans cette maison !

19 OCTOBRE

869E JOUR DE CAPTIVITÉ

Marc et Séverine n'arrêtent pas de prendre le bébé en photo, alors qu'il n'est ni beau ni photogénique.
Pourquoi ne font-ils pas comme avant quand ils me mitraillaient, moi, avec leur appareil photo ?
C'est aussi illogique que d'avoir Kate Moss chez soi et de ne prendre en photo que sa vieille belle-mère. Allez, rien que pour vous, je fais ma pause la plus craquante.
Cheese !

22 OCTOBRE 872e JOUR DE CAPTIVITÉ

J'ai répertorié, dans ma nouvelle maison, 23 endroits susceptibles de pouvoir me servir de lit. Ne faisant, en moyenne, que 7 siestes plus ou moins longues par jour, il faut donc que je me fasse un planning pour optimiser, au mieux, mes espaces de repos. Le tout étant de prévoir, chaque jour, l'itinéraire de mon parcours-sieste. Quelle prise de tête ! Tous ces calculs m'épuisent. Je pense que j'ai bien mérité un peu de repos. Mais où ? Quelle angoisse !

23 OCTOBRE 873e JOUR DE CAPTIVITÉ

Cela fait déjà quelques jours que je n'ai pas vu le chaton du boutonneux. Il me manque un peu. Non, fidèles lecteurs, je ne suis pas en train de me ramollir. Je suis toujours le Jean-Claude Van Damme des chats, les muscles en moins, le cerveau en plus.
Je me demande si, moi aussi, je ne devrais pas fonder ma propre famille et faire une portée de chatons. Ce serait idiot de ne pas faire profiter l'humanité de mes gènes prodigieux.

24 OCTOBRE 874E JOUR DE CAPTIVITÉ

Liste des avantages à fonder une famille :

1. ~~Avoir quelqu'un à son service.~~ Bon, ça ne sert à rien. J'ai déjà des humains qui sont mes esclaves.

Liste des inconvénients à fonder une famille :

1. Devoir s'occuper de quelqu'un.
2. Partager ma nourriture.
3. Trouver une partenaire. Beurk !
4. Perdre son indépendance (car oui, je suis indépendant).
5. Devenir plus responsable.

Le meilleur argument pour ne pas fonder une famille :

1. J'ai été opéré.

Bon, après mûres réflexions, l'humanité va devoir se passer de mes gènes. Vive le célibat ! Vive la liberté, l'indépendance et les longues siestes.

25 OCTOBRE 875e JOUR DE CAPTIVITÉ

Au risque de me répéter, il faut vraiment que le mini-humain arrête de me tirer la queue. Non mais, c'est quoi son problème avec ma queue ? Quand il ne hurle pas, ne fait pas dans sa couche ou ne pleure pas, il me cherche des noises. Il m'a volé ma chambre, il m'a volé mon sommeil et, en plus, il cherche à présent à s'en prendre physiquement à moi. Il faut le faire enfermer, ce dangereux psychopathe !
Je suis extrêmement en colère et je vais, de ce pas, dire mes quatre vérités aux parents ! Marc, Séverine, regardez-moi ! Oui, je sais, je suis mignon, mais ce n'est pas le problème ! Je veux vous faire comprendre que... Non, je ne veux pas de caresses ! Je suis en colère, car... Non, je ne veux pas être pris en photo parce que je suis trop beau ! Non, pas de câlins !
C'est terrible d'être incompris à ce point.

27 OCTOBRE 877e JOUR DE CAPTIVITÉ

Arrêtez de me crier dessus ! J'ai fait tomber le vase, oui, j'ai fait tomber le vase, on ne va pas en parler durant un an ! Je pourrais vous dire que c'était un malheureux accident mais non, ce n'est pas le cas, c'était tout à fai intentionnel.
Pourquoi? Pour montrer mon mécontentement? Non, pas du tout. Je l'ai fait tomber sans aucune raison. J'aime faire tomber des objets, j'aime tester la gravité, c'est tout.
Je ne juge pas vos hobbies, ne jugez pas les miens. Mais oui, je sais, bla-bla-bla, méchant chat, bla-bla-bla, je suis en colère, bla-bla-bla. Économisez votre salive, enlevez plutôt les bouts de verre pour que je ne me blesse pas. De toute façon, je sais qu'il suffit que je vous regarde avec un regard triste pour vous faire fondre comme une glace au soleil. Vous n'avez jamais réussi à m'en vouloir plus de 5 minutes, alors, ne vous ridiculisez pas davantage en vous énervant pour rien.

28 OCTOBRE 878e JOUR DE CAPTIVITÉ

Avenant au règlement intérieur

Le bébé n'aura pas le droit de m'approcher à plus de 3 mètres. Si l'homme miniature ne respecte pas cette injonction, le juge d'application des peines décidera, ou non, de l'incarcérer dans une crèche 24 heures sur 24.

29 OCTOBRE 879e JOUR DE CAPTIVITÉ

Ce soir, les parents sont devant la télé et les jeunes devant leurs tablettes. Il n'y a que Patapouf, le bébé, le chaton et moi qui ne soyons pas bêtement scotchés devant un écran. Ne croyez pas que je n'aime pas les nouvelles technologies, ce n'est pas ça. Moi aussi, j'adore le high-tech. J'aime dormir sur l'ordinateur portable de Marc quand il est bien chaud, j'aime aussi faire tomber son téléphone intelligent. Enfin… intelligent… Si son téléphone était aussi intelligent que ça, il ne casserait pas à chaque fois que je le fais tomber sur le carrelage.

30 OCTOBRE 880E JOUR DE CAPTIVITÉ

Aujourd'hui, j'ai fait tapisserie. Enfin... je me suis fait la tapisserie. Je suis un chat un tantinet maniaque. Or, il y avait depuis quelques jours un petit bout de papier peint qui se décollait et je trouvais cela très agaçant. J'ai donc arraché une partie de la tapisserie pour rendre service à mes « maîtres » préférés. Pensez-vous qu'ils m'auraient remercié pour cet acte de pure bonté ? Que nenni ! Ces ingrats ont préféré me hurler dessus.

Je déteste qu'on me hurle dessus, je trouve cela très vexant. Qui sont-ils pour m'engueuler ? Est-ce qu'un ouvrier russe hurle sur Poutine ? Est-ce qu'une secrétaire nord-coréenne élève la voix sur Kim Jong-un ? Vous allez me dire que je ne prends pour exemples que des dictateurs. C'est vrai, mais je ne suis pas moi-même un grand démocrate. Il n'y a que trois personnes que je consulte avant de prendre une décision : moi, moi-même et moi, bien sûr.

1ER NOVEMBRE
882E JOUR DE CAPTIVITÉ

Ce matin, j'ai décidé de faire comme le gouvernement. Ne rien faire d'utile et attendre que le temps passe.

2 NOVEMBRE
883E JOUR DE CAPTIVITÉ

J'ai 24 heures pour inventer une machine à remonter le temps. Une fois la machine terminée, je remonterai le temps de 24 heures, puis je construirai, à nouveau, une nouvelle machine à remonter le temps de 24 heures. Ensuite, je remonterai, encore, le temps de 24 heures, puis je reconstruirai une troisième machine à remonter le temps… Que d'efforts pour ne pas me rendre demain chez le vétérinaire pour mes vaccins annuels !

3 NOVEMBRE 884E JOUR DE CAPTIVITÉ

Cher journal,
Mon plan a échoué. Je n'ai pas eu le courage de construire une machine à remonter le temps. C'est d'une patte tremblante que je t'écris depuis la salle d'attente de l'ignoble vétérinaire. Ça sent le chien, le chat, les médicaments et la peur. Si je ne vous revois pas, je vous dis adieu. J'aimerais que les droits d'auteur de ce livre soient reversés à l'APEV, l'Association pour l'éradication des vétérinaires. Merci et adieu.

885e JOUR DE CAPTIVITÉ

Selon l'ignoble vétérinaire, je pèse 6 kg et je suis en surpoids. Je pense que sa balance est totalement détraquée. Je mange très peu, quelques bouchées de croquettes tout au plus. Certes, environ 30 fois par jours, mais ça reste très peu. Ce n'est pas de ma faute si j'ai toujours faim. Sans rire, vous pensez vraiment que j'ai grossi ? Je prends votre absence de réponse pour un non. Je suis d'accord avec vous, je n'ai pas vraiment pris de poids, pas même de l'embonpoint. Si j'avais réellement grossi, je n'arriverais pas à rentrer dans mon pelage !

5 NOVEMBRE 886^E^ JOUR DE CAPTIVITÉ

Le bébé est un petit peu débile. Marc fait semblant de lui voler son nez, et en fait non, c'est juste son pouce... Quel idiot, ce nain !
Quoi, Marc ? Hé ! Mais tu m'as volé ma truffe ! Rends-la-moi tout de suite, voleur !

6 NOVEMBRE 887^E^ JOUR DE CAPTIVITÉ

Non, je n'avalerai pas ce médicament ! Je me fiche que ce soit une prescription du vétérinaire. De toute façon, je ne lui reconnais aucune autorité sur moi. S'il avait été vraiment doué dans ses études, il serait devenu chirurgien, pas véto ! Vous croyez sincèrement que je n'ai pas remarqué la pilule au milieu de ma pâtée ? Vous me sous-estimez. Inutile également de la broyer. Même broyée, une pilule reste une pilule ! Et n'essayez pas de me la faire avaler de force. La dernière fois que vous avez essayé, vous avez eu les bras en sang ! Quoi ? Si je ne prends pas ma pilule, je serai malade ? OK, je prends le risque. Comment ça ? Il va falloir retourner chez le vétérinaire pour faire une piqûre si je ne prends pas mes médicaments ? Bon... c'est un argument qui se défend. Allez, passe-moi la pilule !

10 NOVEMBRE
891E JOUR DE CAPTIVITÉ

Non, le chaton. Nous autres, les félins, nous ne ronronnons pas. Nous sommes bien trop sauvages et féroces pour cela !
À la limite, considérez ce que vous appelez un ronronnement comme un grognement amical !

12 NOVEMBRE 893E JOUR DE CAPTIVITÉ

Le jardin a l'air calme. Je ne vois aucune trace de la bande de malfrats squattant mon territoire. Je vais enfin pouvoir y faire un tour.
Marc ! Je veux sortir !
Allô ? Je veux sortir ! Oh ! la famille, ouvrez-la porte !
Ah ! quand même ! Attendre 5 minutes pour qu'on ouvre la porte, c'est très, très long !
Me voilà enfin au seuil de mon nouveau domaine, prêt à l'explorer.
Oh non ! une averse !
Je veux rentrer ! JE VEUX RENTRER ! OUVREZ-MOI LA PORTE !
Bravo ! À cause de vous, je suis trempé.

13 NOVEMBRE
894^{E} JOUR DE CAPTIVITÉ

Atchoum. Atchoum. Oui, j'ai attrapé un rhume. Je déteste être malade.
Quand je suis ne suis pas bien, je reste couché toute la journée. Bon, quand je suis en forme aussi. Je reste couché toute la journée, mais ce n'est pas pareil, c'est par choix !

896^{E} JOUR DE CAPTIVITÉ

Vous, les humains, vous êtes des vrais mégalomanes. Vous pensez sérieusement être le centre du monde? Marc vient de me demander où je serais s'il n'était pas là pour moi. La réponse est simple : au milieu de son lit !
Je décrète cette journée « Journée mondiale du silence », alors soyez gentil de ranger l'aspirateur, le chaton et le bébé dans le placard… au moins jusqu'à ce soir. Merci de votre coopération !

902^{E} JOUR DE CAPTIVITÉ

Notre nouvelle maison est une bâtisse assez vieille. Figurez-vous qu'il y a même des souris à la cave.
Comment ça, est-ce que je chasse les souris ? Est-ce que vous chassez le mammouth, vous ? Non ! Nous sommes au XXIe siècle, il faut vous réveiller. Cela fait bien longtemps que nous, les chats, nous ne chassons plus les rongeurs, et ce pour deux raisons : la première est que cela demande beaucoup d'efforts ; la seconde est qu'une souris crue n'est pas un mets assez raffiné pour les gourmets que nous sommes.

906e JOUR DE CAPTIVITÉ

Chers lecteurs,
Entendons-nous bien, je n'ai rien contre les enfants. Je me demande juste à quoi ils servent. Les parents ont l'air totalement épuisés depuis l'arrivée du petit, qui ne fait rien par lui-même. Ils doivent le nourrir au biberon, lui changer les couches et il dort tout le temps. Il a autant d'autonomie qu'un vieil iPhone.

907e JOUR DE CAPTIVITÉ

Il faut que je te trouve un nom. Je ne vais tout de même pas t'appeler « le chaton » toute ta vie. Comment ça, tu as déjà un nom ?
Ah bon ? Bon, peu importe, je vais t'en donner un autre.
Chaton, à partir de maintenant, tu t'appelleras… roulement de tambour…
Non ! Roulement de tambour, ce n'est pas ton nouveau nom, c'est juste pour créer un peu de suspens. Tu t'appelleras : Edgar Junior. Comment ça, tu trouves ce nom très moche ? Tu n'as décidément aucun goût, Junior !

27 NOVEMBRE
908e JOUR DE CAPTIVITÉ

Qu'est-ce qu'il fait froid dans ce salon ! C'est terrible, il fait à peine 17 degrés ! Il fait bien trop frisquet pour moi ! Je ne suis pas un ours polaire, mais un petit chat frileux. J'avais bien stipulé, dans le règlement intérieur de la maison (article 68, alinéa 89), que la température ne devait jamais passer sous le seuil des 25 degrés ! On ne fait pas d'économie sur le chauffage. Au pire, vendez un des enfants, vous en avez trois !

1er DÉCEMBRE 912e JOUR DE CAPTIVITÉ

Cher père Noël,
Sois gentil de ne pas m'oublier cette année. Ce n'est pas parce que je suis un chat que je ne dois pas recevoir de cadeaux.
Pour Noël, je veux des sachets de pâtée à la langouste, un nouveau plaid en cachemire et des jouets.
Je te demanderais d'être un peu plus professionnel, car, l'an dernier, je n'ai pas reçu la totalité de ma commande.
Je sais qu'il n'y a pas de concurrence dans ton secteur et que tu es le seul habilité à distribuer les cadeaux en fin d'année, mais ce n'est pas une raison pour faire un travail de sagouin !

Edgar.

P.-S. : es-tu au courant que nous avons déménagé ? As-tu rentré notre nouvelle adresse dans le GPS de tes rennes ?
P.-P.-S. : inutile de t'encombrer de cadeaux pour le bébé qui, de toute façon, est totalement à la masse et ne comprend rien.

914[E] JOUR DE CAPTIVITÉ

Junior, viens ici !!! Tu te fiches de moi ? Tu crois que je ne t'ai pas vu ? Qu'est-ce que tu viens de faire, là ? Vilain chaton !
Marc t'a demandé de lui donner la patte, et toi, qu'est-ce que tu fais ? Tu donnes la patte.
Attention, tu risques de te faire radier de l'Ordre des chats avec des bêtises pareilles ! Que je ne t'y reprenne pas. Je te le répète une nouvelle fois, tu es un chat, pas un chien !

915^E JOUR DE CAPTIVITÉ

Le bébé a un livre sonore, vous connaissez ? C'est très amusant. Marc et Séverine viennent de se réveiller en pleine nuit, complètement paniqués après que je me suis assis sur la page des sons et bruitages des sirènes. Après avoir déclenché le son des hélices de l'hélicoptère, j'ai fait retentir la sirène d'un véhicule de police, puis d'un camion de pompier. Ils ne sont pas près de se rendormir.

J'adore ce livre !

6 DÉCEMBRE 917^{E} JOUR DE CAPTIVITÉ

La bande de chats traîne encore dans mon jardin. Ce doit être cool de faire partie d'une bande, de passer du temps ensemble, entre amis, de faire des coups fourrés et de braquer l'épicerie d'à côté pour voler des croquettes. Je vais aller leur parler, histoire de faire un peu leur connaissance.

Alors ça, c'est le bouquet ! Ils refusent de m'intégrer à leur bande sous prétexte que je suis prétentieux et trop individualiste. MOI, individualiste ! Tout ça parce que je leur ai proposé de devenir le chef de leur groupe, de le nommer « la bande à Edgar » et que je leur ai demandé, après 3 minutes de discussion, de prêter allégeance à leur nouveau boss : moi.

Ce n'est tout de même pas de ma faute si mon aura, mon charisme et mon intelligence font de moi un leader incontestable !

8 DÉCEMBRE 919e JOUR DE CAPTIVITÉ

Le bébé arrive à se mettre debout et tout le monde le regarde comme s'il était un génie. Quel exploit, un bipède qui arrive à se mettre debout au bout de huit mois ! Je suis étonné qu'un journaliste de BFMTV ne fasse pas un duplex au milieu du salon pour annoncer au monde entier cet événement historique.

Ne croyez pas que je sois jaloux. Je n'ai nullement besoin d'être le centre de l'attention. Je m'étonne juste un petit peu du favoritisme dont il jouit depuis qu'il est né.

9 DÉCEMBRE 920e JOUR DE CAPTIVITÉ

Si les chats du quartier ne veulent pas de moi dans leur clan, je vais créer le mien. Chaton, tu veux faire partie de ma bande ? Inutile de répondre, je suis déjà ton boss, alors la réponse est oui. Patapouf, au pied ! Bon chien, tu fais maintenant partie de la bande à Edgar. Comment ça, c'est qui Edgar ? Tu es demeuré ou quoi ? C'est moi, Edgar. Bon, est-ce qu'on prend le bébé dans la bande ? Je pense qu'il peut nous être utile pour faire fuir les ennemis quand il hurle. Allez, intégrons-le. Je crois que nous sommes au complet.
Ça me fait plaisir d'avoir enfin une bande à moi. Notre cri de guerre sera : « Un pour tous, tous pour moi ! »

10 DÉCEMBRE 921e JOUR DE CAPTIVITÉ

Cher lecteur,
J'espère que tu ne m'en veux pas de ne pas t'avoir proposé de rejoindre mon clan. Ce n'est pas parce que tu n'en es pas digne, c'est juste que tu ne nous aurais servi à rien.

922[E] JOUR DE CAPTIVITÉ

Cher journal,
C'est d'une patte tremblante que je t'écris à nouveau. J'ai l'impression d'être le Titanic fonçant vers un iceberg. Cela fait 7 jours que les radiateurs sont en panne et je suis frigorifié. Je reste emmitouflé sous la couette. À cause du froid, ils ont confié le bébé à la voisine. Moi, par contre, je suis condamné à rester dans ce goulag sibérien. C'est beau, l'équité. Réveillez-moi quand la chaudière sera réparée !

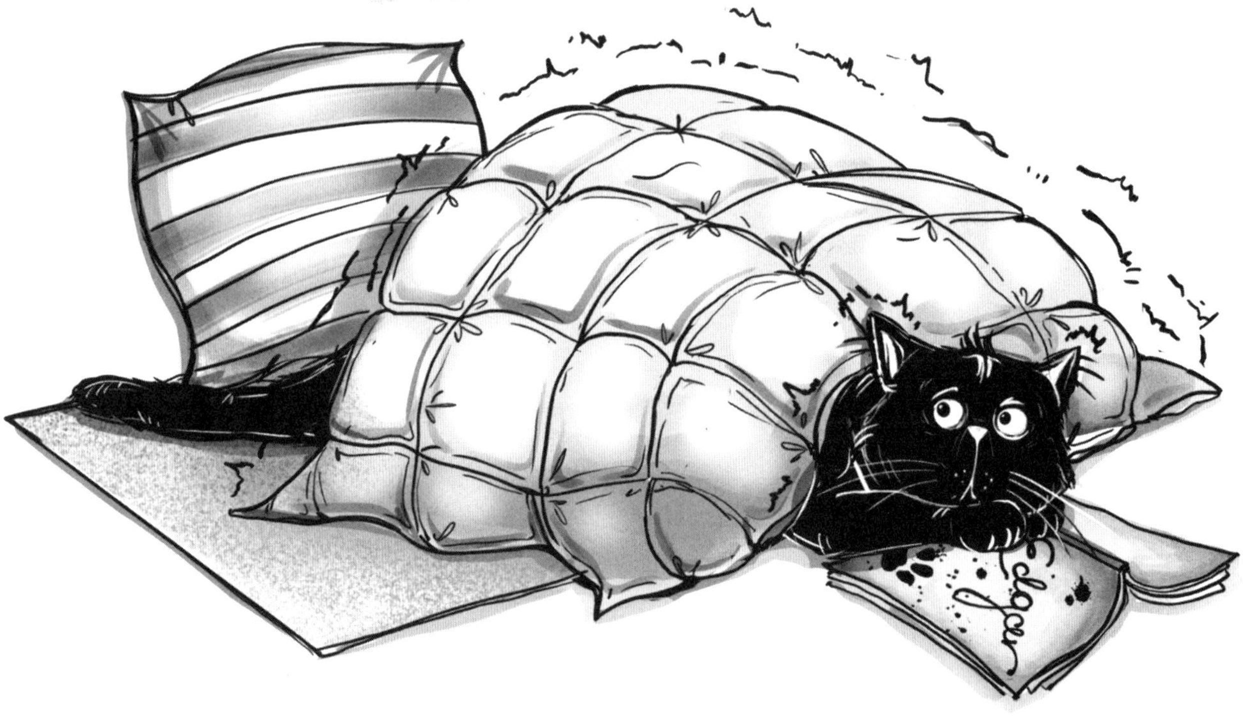

13 DÉCEMBRE 924E JOUR DE CAPTIVITÉ

Il fait enfin bien chaud. J'aurais du mal à me passer du confort moderne : un bon chauffage, un plaid posé négligemment sur une couette, elle-même posée sur un matelas dur-mou, mon préféré. Ne croyez surtout pas que je m'embourgeoise. Je profite simplement du confort élémentaire.

19 DÉCEMBRE
930E JOUR DE CAPTIVITÉ

Ce soir, comme tous les soirs, Marc lit une histoire au petit Hugo. Je n'ai pas l'impression qu'il comprenne tout, mais ça a l'air de lui plaire. Quoi, le chaton ? Que je te lise une histoire ? Ça va pas la tête ! Je suis ton instructeur, pas ton père ! Inutile d'insister, je ne te lirai pas une histoire. Point final.
Bon, d'accord.
Il était une fois le petit chat Perron-Rouge.
C'est qui, le petit chat Perron-Rouge ? Eh bien, c'est le chat de M. et Mme Perron-Rouge.
C'est nul ? Tu veux une autre histoire ?
Alors, il était une fois le chat du Petit Poucet. Le long du chemin, le chat sema des croquettes. Non, pas pour retrouver son chemin, mais juste pour avoir de quoi grignoter en rentrant.
C'est bon, tu dors ? Non ? Alors, demande à Marc de te lire *Le Chat botté*.

20 DÉCEMBRE 931E JOUR DE CAPTIVITÉ

J'ai fait un cauchemar cette nuit. Mon ancien ennemi, le chat du voisin, s'était approprié ma précédente maison et dormait confortablement sur mon vieux lit. Je ne suis pas d'un naturel possessif, mais tout ce qui était à moi est toujours à moi et tout ce qui n'est pas encore à moi est déjà à moi.

Ah non, pas une autre histoire ! En plus, je suis nul pour raconter des histoires. OK, mais c'est la dernière !

Il était une fois un roi tout-puissant prénommé Edgar. Il régnait sur un territoire grand comme une maison et un jardin. Il y était vénéré et aimé de tous. Tout se passait bien pour lui jusqu'au jour où un jeune petit prince angora arriva pour l'empêcher de dormir en l'obligeant à lui raconter des histoires. Il ne se maria pas et eut beaucoup de croquettes. Fin.

Maintenant, fous-moi la paix !

22 DÉCEMBRE 933E JOUR DE CAPTIVITÉ

Ce journal arrive bientôt à sa fin et je n'ai toujours pas reçu, de l'Académie française, la liste de mots pour remplacer le terme de « maître » dans le vocabulaire.
Tout comme moi, ces braves messieurs du quai de Conti préfèrent de beaucoup une bonne sieste à une séance de travail.
Je vais donc moi-même proposer une liste de synonymes à ce mot qui m'est fort désagréable.
Alors, pour remplacer ce substantif, je propose les expressions suivantes :

- domestique humain ;
- colocataire corvéable à merci ;
- distributeur de croquettes sur pattes ;
- aide à domicile ;
- souffre-douleur ;
- esclave consentant.

J'espère que ces propositions figureront dans la prochaine édition du dictionnaire français et que ce mot dégradant sera vite oublié.

14 JANVIER
956E JOUR DE CAPTIVITÉ

Je regarde des dessins animés avec le petit. N'allez pas croire que j'aime ça. C'est puéril et bien trop bruyant, mais je ne veux pas bouger de mon canapé.

15 JANVIER 957ᴱ JOUR DE CAPTIVITÉ

Le petit commence à marcher à quatre pattes, comme moi. Je me demande si c'est un hommage ou si c'est simplement pour se moquer de moi.
Le problème est qu'à présent, se déplaçant de façon partiellement autonome, il arrive souvent derrière moi, par surprise, pour m'attraper la queue. Et ça, ça m'agace au plus haut point.

20 JANVIER 962e JOUR DE CAPTIVITÉ

Je viens d'avoir une idée absolument géniale. Une idée qui peut révolutionner notre façon de vivre et de penser. Un concept qui va changer le cours de l'humanité. Mais bon, cette idée demande un peu de travail pour qu'elle soit pleinement aboutie et je n'ai aucune envie de me prendre la tête. Le mieux, c'est que je l'oublie et que je retourne me coucher.

22 JANVIER 964e JOUR DE CAPTIVITÉ

Il faut qu'on trouve un uniforme pour notre bande, histoire qu'on nous repère de loin. Je propose que vous adoptiez tous les trois mon pelage. Qui est pour ? Je ne vous demande pas qui est contre, je ne suis pas très branché démocratie.
La motion est adoptée.

967e JOUR DE CAPTIVITÉ

Avec le petit Hugo, nous venons de faire un concours de celui qui allait le plus vite à quatre pattes dans le salon. Et devinez quoi ? J'ai largement remporté la course. Champion du monde ! Je suis le Usain Bolt de la maison, à jamais imbattable.
Bon, le chaton vient de me dépasser dans le 100 mètres entre le canapé et les gamelles... j'ai bien peur qu'il ne coure plus vite que moi. L'arrogance de la jeunesse !

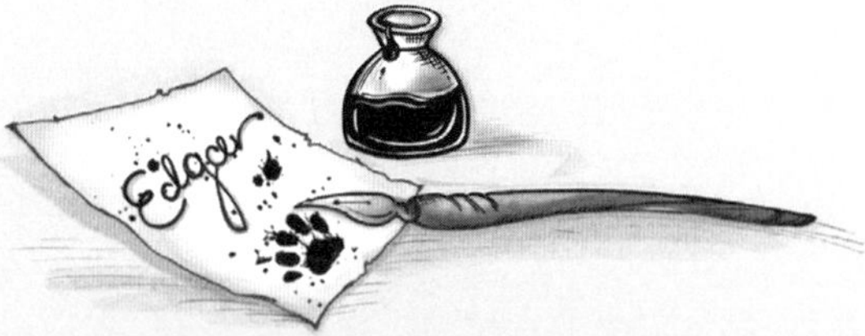

981e JOUR DE CAPTIVITÉ

Ce matin, ma bande est réunie autour de moi pour un conseil de guerre. Je vais faire l'appel. Patapouf, présent. Hugo, présent. Junior, si tu t'appelles Junior, présent. Je vous ai réunis pour vous parler de mon nouveau plan. Nous allons partir à la conquête du jardin du voisin. C'est une mission délicate. Il y aura probablement des prisonniers et de la casse.

Dans un premier temps, le bébé partira en éclaireur. Comme il ne se déplace pas très vite, cela nous laissera du temps pour faire une petite sieste avant de le rejoindre. Patapouf, tu seras chargé de faire peur aux chats des voisins. Junior, tu seras chargé de voler leur nourriture avant de me la confier.

Comment ça, vous n'êtes pas d'accord ? Il fait trop froid pour sortir ? C'est une mutinerie ? Je vous ferai payer votre trahison. Vous passerez tous en cour martiale.

11 FÉVRIER 984E JOUR DE CAPTIVITÉ

Nous sommes samedi et, comme chaque samedi, les parents partent faire les courses de la semaine. C'est toujours un moment stressant pour moi.
Vont-ils penser à m'acheter la nourriture nécessaire à ma survie hebdomadaire ?
Pensez à m'acheter 3 kg de foie de veau, 10 kg de croquettes NON LIGHT, 28 boîtes ou sachets de pâtée pour chat (soit 4 par jour) et, bien sûr, un saumon entier.
C'est bien noté ? Vous allez retenir ?
Je vous fais confiance.
Je n'aurais jamais dû leur faire confiance. Ils n'ont même pas acheté le quart de ce que je leur avais commandé.

12 FÉVRIER 985E JOUR DE CAPTIVITÉ

Hé, le mini-humain ! Viens ici.
Il faut que tu saches que dès que tu marcheras sur deux jambes, ce sera fini, la belle vie ! Tu iras à l'école et après tu découvriras le cruel monde du travail. Pourquoi, d'après toi, je continue à marcher à quatre pattes ?

17 FÉVRIER 990E JOUR DE CAPTIVITÉ

Ce soir, j'organise avec mon syndichat une manifestation pour dénoncer un des plus graves scandales sanitaires de l'industrie alimentaire : les croquettes light.
Rendez-vous à 18 heures devant chez moi. Venez nombreux et apportez des croquettes appétissantes !
« Véto, t'es foutu, les petits chats sont dans la rue ! Véto, t'es foutu, les petits chats sont dans la rue ! »

21 FÉVRIER 994E JOUR DE CAPTIVITÉ

Chers membres de ma bande, je vous ai réunis ce matin pour vous faire part de mon nouveau plan.
Pourriez-vous vous concentrer 5 minutes pendant que je vous parle ? Non, vous n'êtes pas concentrés. Patapouf, tu dors, et toi, le chaton, tu essaies d'attraper ta queue !
Les amis, je vous propose une mission des plus périlleuses. Nous allons explorer la cave de la maison.
Oui, camarades, moi aussi, j'ai toujours eu peur de descendre les escaliers, mais à trois, nous aurons plus de courage.
Allez, c'est parti ! N'ayez pas peur. Patapouf, descends en premier comme éclaireur. Patapouf ? Patapouf ? Où es-tu ? Le lâche, il a fui ! Allez, chaton, passe devant !
Pourquoi toi ? Parce que tu es le plus petit. On ne discute pas les ordres du chef. Comment ça c'est qui le chef ?
Qu'est-ce qu'il fait sombre ! C'est lugubre et poussiéreux.
Aaaaaah, un fantôme ! Ah non ! C'est juste un drap posé sur un vélo.
Non, chaton, je n'ai pas eu peur. Je n'ai jamais peur. Continuons d'avancer.
Aaaaaah ! Qu'est-ce que c'est que ce bruit ? Ah ! la chaudière. Non, je n'ai pas eu peur. Le mieux, c'est que tu continues l'exploration seul et que tu viennes me faire un rapport quand tu auras terminé.
Non, je ne fuis pas. Je préfère superviser l'opération depuis mon coussin.

9 MARS 1010E JOUR DE CAPTIVITÉ

Je déteste quand mes « maîtres » regardent des vidéos d'autres chats sur Internet. Je vous l'ai déjà dit, je ne suis pas d'un naturel jaloux et excessif, mais j'ai cette désagréable impression d'être trompé par une femme volage. Hé ! C'est moi qu'il faut admirer ! Je suis bien plus mignon et drôle qu'eux ! Puisque c'est ça, je m'installe sur le clavier de l'ordinateur, devant l'écran, et vous n'aurez plus d'autre choix que de m'admirer, MOI.

18 MARS 1019E JOUR DE CAPTIVITÉ

Chut, Junior, ne fais pas de bruit ! Viens, on va bien s'amuser. Léa et ton maître sont en train de regarder un film d'horreur. Attendons le moment idéal pour nous jeter sur eux. Tu es prêt, Junior ? Allez, c'est le moment !!! Trop drôle, on les a entendus hurler à l'autre bout du quartier. Chaton, il faut vraiment qu'on fasse ça plus souvent. On forme une sacrée équipe, toi et moi (surtout moi).

23 MARS 1024E JOUR DE CAPTIVITÉ

Mais il est débile, ce bébé ? Il mange mes croquettes ! Mais dégage, petit !
Petit un : ce n'est pas bon pour ta santé.
Petit deux : ce sont MES croquettes !
Est-ce que je mange tes petits pots aux épinards (beurk !) ?
J'ai l'impression d'être son idole.
Il marche à quatre pattes, comme moi, il veut des croquettes et il dort beaucoup. Bref, il fait tout pour me ressembler.

27 MARS 1028E JOUR DE CAPTIVITÉ

Le bébé se fait promener tranquillement, comme un pacha, dans une poussette. Moi aussi, je veux me promener sans faire aucun effort. Achetez-moi une poussette ! Le petit m'épate. Il agit comme un monarque. Tout le monde est à ses pieds et il ne fait rien de la journée, à part jouer et dormir. Il a toutes les qualités pour être un chat.

12 AVRIL 1044E JOUR DE CAPTIVITÉ

Je passe ma vie à me faire engueuler, injustement. J'ai l'impression d'être un membre du gouvernement à une réunion de la CGT. Rien que cet après-midi, alors que j'étais avec le bébé dans le jardin, Marc m'a hurlé dessus quand j'ai fait mes besoins dans le bac à sable. Excusez-moi, mais un bac à sable est censé servir de litière et pas d'aire de jeux. Il faut être cohérent.

14 AVRIL 1046E JOUR DE CAPTIVITÉ

Mon flair me trompe rarement, et là je sens que je vais passer un excellent week-end.

16 AVRIL 1048E JOUR DE CAPTIVITÉ

Mon flair m'a trahi. Ce fut un week-end exécrable. Je vous passe les détails, mais si je devais le résumer en quelques mots, ce serait : gémissements du bébé, bruits assourdissants de la perceuse et de l'aspirateur, sans oublier Rodolphe qui a fêté son septième anniversaire avec quinze marmots tous plus agités les uns que les autres.

20 AVRIL 1052E JOUR DE CAPTIVITÉ

Pour quelqu'un d'aussi casanier que moi, il s'en est passé des choses dans ma vie cette année. Que de changements ! Une nouvelle maison, deux nouveaux membres dans la famille avec le bébé et le chaton, sans oublier ma nomination à la tête d'un nouveau gang. Mais il y a une chose qui n'a pas changé et qui ne changera jamais, c'est mon amour pour une personne exceptionnelle.

Cher journal,

J'aimerais profiter de ce dernier chapitre pour rendre un vibrant hommage à un être doté d'une beauté rare, à la fois généreux et honnête, inspirant et émouvant, profond et léger, cultivé et craquant. Cette belle personne, vous l'aurez deviné, c'est moi.

Edgar.

P.-S. : vous n'êtes pas mal non plus.

~~FIN~~

FAIM !